簿記試験合格者のための
はじめての経理実務

いよいよ実践ね！

税理士 小島 孝子 著

税務経理協会

はじめに

　経理の仕事をしているとよく耳にするのが,「(簿記の)勉強と実務は違う」という声です。実務畑から勉強を始めた私には,「なんでこういう感想になるのだろう?」と長年疑問に思っていたのです。
　というのも,私が地元の会計事務所で仕事を始めた当時,そこでの作業は,仕訳帳に仕訳を作成(なんと,「科目印」という勘定科目の印鑑を押して作成するという方法!)し,ソフトに入力,試算表でチェックをし,期末に総勘定元帳をプリントしてチェックするという,簿記の教科書に書かれていることと同じ流れの業務を行っていたからです。当然,簿記のテキストを読んだ時の感想は「仕事でやっている通りの世界なんだな…」でした。
　その後,東京で経理の仕事をするようになり,その時にわかったのが,これまでの自分の環境が少しだけ特殊だったということです。大手企業の経理職ともなると,経理業務は社内の各部署から上がる伝票と証憑のチェックや作業ルールに則った資料作成が中心で,こういった業務だけを行っていたら確かに簿記の勉強と実務は「別物」と感じるだろうと理解できたのです。
　しかし,やはり管理職を目指すには,「業務」ができるだけでは限界があります。社内の業務が簿記や会計の知識と結びつかなければ,財務諸表が正しいものであるか,また,そのための作業工程に間違いはないのかを判断できないからです。
　一方で,実務と学習簿記のつながりを経理業務に携わる初期の段階で理解しておけば,日々の経理業務を将来の知識として蓄積することができるのです。
　「簿記は経理の共通言語」。本文でも触れていますが,勉強を通してこの共通言語を手に入れた今,それを将来の生きた知識として活用してみてはいかがでしょうか?

税理士　小島　孝子

はじめに

Contents

第1章　簿記と実務は何が違うの？　　　1

1　簿記は経理の共通言語　―簿記と経理―　　　2
2　取引は誰が行うのか？　―会社組織―　　　6
3　転記や試算表作成はソフトでワンプッシュ　―パソコン会計―　　　11
4　教科書にない勘定科目がたくさん…　―勘定科目と表示科目―　　　18
5　会社の内部も簿記で管理？！　―管理会計―　　　23
6　仕訳入力は消費税も考えるの？　―消費税の取引分類―　　　30

第2章　簿記一巡で会社の業務を理解しよう！　　　37

1　経理の仕事は簿記一巡　―経理のスケジュール―　　　38
2　1粒で2度おいしい！？　―複式簿記―　　　45
3　右と左は必ず一致　―仕訳の法則①―　　　50
4　資産・負債・純資産の意味　―仕訳の法則②―　　　55
5　収益と費用の意味　―仕訳の法則③―　　　60
6　仕訳入力はどこからでも　―仕訳入力―　　　67
7　元帳は取引の分類簿　―転記と元帳の読み取り―　　　74
8　元帳で正しい残高に合わせてみよう　―元帳を使った修正―　　　80

i

Contents

第3章　日常取引を見てみよう！　　87

1　簿記とは違う売上原価の算定　―三分法と売上原価―　　88
2　売上原価って結局なんだっけ？　―売上原価と仕入諸掛―　　92
3　いろいろな決済手段とその管理　―決済手段と小切手―　　97
4　通帳のない不思議な預金　―当座預金の管理―　　103
5　「ツケでお願い！」で会社を回す　―掛取引と資金繰り―　　108
6　管理が難しい手形の仕組み　―手形の取扱い―　　116
7　細かい経費はいつ払う？　―社員立替と小口現金―　　122
8　お金が帳簿と合わない?!　―現金出納帳と現金過不足―　　127
9　いろんな性格の債権・債務　―債権・債務の取扱い―　　132
10　お給料の秘密の内訳　―給与計上①―　　138
11　預り金は意外と簡単？　―給与の計上②―　　145
12　とりあえず入れておこう！　―仮払金・仮受金―　　150
13　高い買い物は資産で管理　―有形固定資産―　　155
14　かたちのない，いろいろな資産　―無形固定資産・繰延資産―　　160

第4章　決算ってなんだろう？　　165

1　決算って何するの？　―決算整理の準備―　　166
2　過去と将来を分ける決算整理　―決算整理仕訳―　　173
3　期末に在庫を整理整頓　―棚卸資産の評価―　　178
4　決まりが多い償却計算　―減価償却費の計上―　　182
5　回収できるかできないか，それが問題　―貸倒引当金の計上―　　190
6　期をまたぐときどうするの？　―見越し・繰延べ―　　195
7　決算の総仕上げ，税金の計算　―消費税・法人税等の処理―　　200

8　1年間の仕事のゴール　―決算書の作成―　　　　　205

☆コラム掲載ページ☆

コラム 1	いろんなタイプの会計ソフト	16
コラム 2	入力の確認は「比較」する	28
コラム 3	利害関係者ってそもそもどんな人？	43
コラム 4	実務で使う勘定科目	65
コラム 5	3つの伝票の使い方	72
コラム 6	請求書や領収書の書き方	113
コラム 7	年末調整っていったい何？	143
コラム 8	実務では一味違う試算表	171
コラム 9	特殊な減価償却資産の取扱い	188
コラム 10	決算書を見てみよう！	212
コラム 11	財務内容を図る指標	215

索　　引　　　　　217

第1章

簿記と実務は何が違うの？

簿記の勉強は，経理業務を知る上での第一歩といわれています。それなのに，簿記を勉強した多くの人が経理の現場で戸惑っています。
仕訳帳，総勘定元帳，入金伝票，出金伝票…
せっかく書き方を習ったのに，日常業務では見たことがありません。それどころか，仕訳のルールもなんだか違って見えます。
どうして，ぜんぜん違って見えるのでしょうか？
ここでは，会社の経理と学習簿記の根本的な違いについて簿記の問題を思い出しながら見ていきましょう。

第1章　簿記と実務は何が違うの？

1 簿記は経理の共通言語　—簿記と経理—

　ケイコさんは大学時代に簿記の資格を取得し，あこがれの経理職員として4月から働き始めました。大学時代に簿記の勉強をたくさんしたので，簿記には自信があります。

　そんなケイコさんですが，配属された経理部のオサム先輩から教わる仕事は，今まで勉強してきた簿記の内容と違うのではと不安を感じています…

新入社員のケイコです。簿記は大学時代に勉強してきました。お仕事は，まだまだわからないことだらけで不安ですが，いろいろ教えてくださいね。

今はまだわからないだろうけど，簿記はこの（経理の）世界での**共通言語**だから。それがわかれば大丈夫。勉強したこととの違いを意識してみてね。

簿記が共通言語なんですか？？

簿記は経理の世界における共通言語

　ケイコさんのように「簿記を勉強したけど経理の仕事がわからない」，「簿記で勉強した知識は経理の現場で使えないのでは？」といった声は簿記の受験生からよく聞こえてきます。

　簿記の学習では，さまざまな仕訳処理や帳簿の記帳方法などを学習します。これらは，さまざまな商慣行や会計理論の修正などを経て，時代とともに少しずつ変化をしながら今あるルールとして作られてきました。

　つまり，簿記は，過去に**慣習**として行われてきた**記帳のルール**を**共通ルール**として体系化したものなのです。それなのに，学習した内容が役に立たないという話が出るのはどうしてなのでしょうか？

2

仕訳は取引を「金額」で翻訳したもの

では，ここで質問です。次の仕訳はどういう取引を意味しているでしょうか？

| （借）売　掛　金 | 1,000 | ／ | （貸）売　　　上 | 1,000 |

商品1,000円を**掛売り**したという仕訳です。

そのとおり。じゃあ，掛売りってどういうこと？

代金を後払いにしたということです。会社は商品を引き渡しているから，商品代金をもらわないといけないです。あとからもらう金額がわかるように売掛金として仕訳します。

そうだね。今のケイコさんの説明って翻訳みたいだと思わない？　だって，僕たち経理部以外の人は，これを見て後から代金1,000円をもらわないといけないってわかるかな？

ここで，実際に簿記の問題を見てみましょう。

下記の各取引について仕訳しなさい。ただし，勘定科目は，次の中から最も適当と思われるものを選ぶこと。

　　　現　金　　　当座預金　　　売掛金　　　買掛金　　　売　上

1. 宮城商店に商品￥20,000を売り渡し，代金は掛けとした。

	仕　訳			
1	借　方　科　目	金　　額	貸　方　科　目	金　　額
	売掛金	20,000	売　上	20,000

3

第1章　簿記と実務は何が違うの？

ほらね。日本語の文章があって、それを仕訳を使って表現しているでしょう？　英文和訳の問題みたいだよね。

なるほど。それじゃあ、今までの簿記の勉強は海外旅行の前に英会話を勉強したのと同じことなんですね！

　このように，簿記にはさまざまなルールがあり，簿記の学習はそのルールを1つ1つ押さえることです。簿記の学習では，会社のさまざまな取引を「**仕訳**」という手段を用いて「**金額**」で表現することを学びました。

　会社を計る数字にはいろいろなものがあります。たとえば，営業部であれば「今月の契約本数」，宣伝部であれば「商品の好感度」などです。

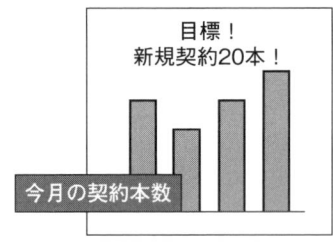
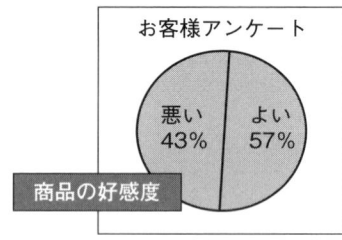

　しかし，経理の世界は，会社を「金額」で表さなければなりません。仕訳は，**取引を金額で翻訳**したものなのです。経理の現場で，そのための正しいルールである簿記を知らないということは，差し詰め，外国に行って，現地の言葉がわからないことと同じです。

　経理における共通言語である簿記は，経理の仕事をする上で，最低限必要な知識だということを押さえておきましょう。

それにしても，実際に習ったことと違うんじゃないかなと思うことが多々あるような気がします。
私の理解不足でしょうか？

1 簿記は経理の共通言語 —簿記と経理—

いや，必ずしもそうとはいえないよ。実際に次の点が簿記の学習と実務では違うんだから。

学習簿記と経理実務が違う理由

学習簿記と経理実務では，次の違いがあります。

① 取引を行うのは会社であって会社じゃない！
② 仕訳は書かずに入力する！
③ 勘定科目は自由に決められる！
④ 財務諸表作成以外の目的もある！
⑤ 仕訳入力は消費税も考える！

どうだい？　ちょっと想像していたものと違うんじゃない？

そうですね。②はなんとなくわかりますが，具体的にどう違うのかというと…それに，簿記の最終的な目標が財務諸表の作成って，教わっていたのに…

少し難しい話も含んでいるから，少しずつ解説するよ。でも，これさえわかれば大丈夫。簿記と実務の違いを押さえれば，勉強した知識はきっと役に立つよ！

≪実務のポイント！≫
☑簿記は経理の共通言語。
☑取引を金額で翻訳したものが仕訳である。
☑簿記と実務の違いを押さえれば、勉強の知識が役に立つ。

第1章 簿記と実務は何が違うの？

2 取引は誰が行うのか？ ―会社組織―

　ケイコさんがデスクで作業をしていると，誰かがケイコさんの肩をたたきます。振り返ると，宣伝部の伝田さんです。
　「この前の備品の購入，うちの部長の決裁が下りたから。あとで伝票回すから，計山部長に支払いよろしくって伝えておいてよ」
　伝田さんの言葉の意味が理解できないで，立ち尽くすケイコさんにオサム先輩が声をかけます。

 ケイコさんどうしたの？

 今，宣伝部の伝田さんが来て，決裁が下りたから伝票回すって計山部長に伝えるようにいわれたんですが…
これって，どういうことですか？

 なるほど，少し専門的な言葉だったかな？　では，ちょっと聞くけど，簿記で出てくる「**取引**」を行うのは誰だと思う？

 取引って，「商品を掛けで売った」とかですよね。
「会社」じゃないんですか？？

取引は誰が行うのか？

　取引は誰が行うものでしょうか？　簿記の問題でもう一度確認してみましょう。

> 下記の各取引について仕訳しなさい。
>   1. **宮城商店**に商品￥20,000を売り渡し，代金は掛けとした。

ここで，問題です。「**宮城商店**」に「**商品￥20,000を売り上げた**」のはいったい誰でしょう？

「**当社**に決まっているだろう？」そんな意見が聞こえてきそうです。

しかし，ちょっと考えてください。人間ではない「会社」が「商品を売る」ことができるでしょうか？

正確には，宮城商店のBさんのところに営業に行った，当社の営業のAさんが取ってきた売上です。

とすれば，この問題も正しくは「**当社の営業のAさんが，宮城商店のBさんに商品を売り上げた**」となるよね。でも，簿記では「**誰が**」行ったかに着目されることはないよね。なんでだと思う？

商品を売ったのは，営業のAさんの意思ではなく，**会社の意思**だからじゃないんですか？

会社の中には，意思決定を行う人が何人もいる

ケイコさんのいうように，会社の仕事は，**会社の意思**に基づいて行われます。では，会社の意思は，誰が決めるのでしょうか？ 仮に社長1人だけの会社があったとします。その場合は「会社の意思＝社長の意思」です。

しかし，会社の規模が大きくなるとさまざまな部署ができ，多くの従業員が毎日さまざまな業務を行います。こういった日々行われる取引に関し，いちいち社長の意思を伺っていたら業務が進みません。そのため，会社はさまざまな役職を設け，社長の代わりに意思を決める**権限**を持つ人を決めます。これが，**決裁**といわれるものです。

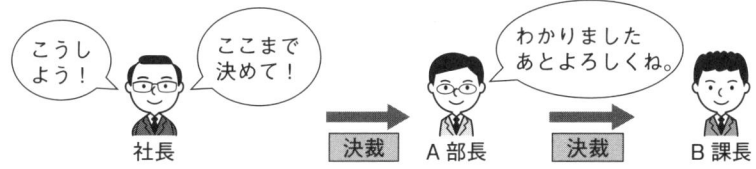

第1章　簿記と実務は何が違うの？

つまり，宣伝部の伝田さんは，宣伝部の備品を買うということが会社の意思として決まったから，備品の代金を支払ってほしいといいたかったんですね。

そういうこと。決裁の権限は，たとえばこの経理部でも高額なものや重要な決裁は部長，立て替えた経費の精算など日常的なものは課長というように**役職**によっても決まっているんだよ。

そうして，決裁の権限がある人が決めた意思が，会社の外部の人から見たら**会社そのものの意思**になるということですね。でも，それだと取引について社内では誰の責任で決めたのかわからなくないですか？

いいところに気づいたね。実は，簿記で習った**伝票**は，社内の責任の所在を明らかにするために作成する書類でもあるんだよ！

実務における伝票の役割

　簿記の勉強における伝票会計は，苦手とする人の多い論点です。簿記の問題では，下記のような読み取りの問題が出題されます。

次の伝票の取引を推定し，仕訳をしなさい。
出金伝票　平成×年5月1日

科　目	金　額
福利厚生費	500

8

2 取引は誰が行うのか？ —会社組織—

これは，出金伝票だから，
（借）福利厚生費　500　／　（貸）現金　500
っていう仕訳になりますよね。

そうだね。ところでケイコさんはうちの会社で実際に使われている伝票を見たことあるよね？

はい，いろいろな方の**印鑑**が押されています。

そう，あの印鑑が各取引における**決裁者**を示しているんだ。つまり，伝票は単に仕訳処理のためだけでなく，実務では会社内部での**意思決定の責任の所在**を明らかにするために作成されるものでもあるんだよ。

実務において，伝票を作成する目的の1つに右上の**決裁欄**があります。

宣伝部から回ってきた備品購入の伝票には，伝田さんの印鑑だけでなく，確かに宣伝部の部長の印鑑が押してあります。

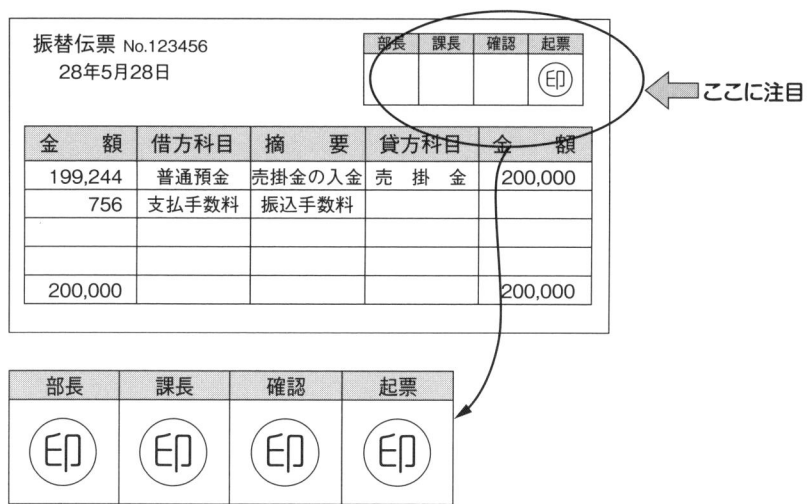

第1章 簿記と実務は何が違うの？

こうして、取引を記載する伝票に記録を残しておくことで責任の所在を明らかにしているんだ。だから、各部署で**ちゃんと手続きを経て**ケイコさんの手元にきた伝票なのかどうかをチェックすることも重要だよ。

≪実務のポイント！≫
☑取引は社内の誰かが行っても「会社の意思」で行っている。
☑会社の意思を決める権限は、役職に応じてさまざまな人に与えられている。
☑権限のある人が、会社の意思を決めることが「決裁」。
☑伝票はその決裁していることを確認するために作成される側面がある。

3 転記や試算表作成はソフトでワンプッシュ
― パソコン会計 ―

　ケイコさんの経理の仕事の中心は、オサム先輩に教わったとおりに会計ソフトに仕訳を入力していく仕事です。ある日、オサム先輩から「ケイコさん、今月の試算表を出しておいてくれない？」といわれました。
　試算表は、簿記の学習内容でもケイコさんの苦手とする論点でした。

あの…私、実は試算表作るの苦手で…
少しお時間いただけないでしょうか？

何いってるの。入力全部終わったんでしょ？
この画面からボタン1つでプリントできるじゃない！
ほら、このボタン。

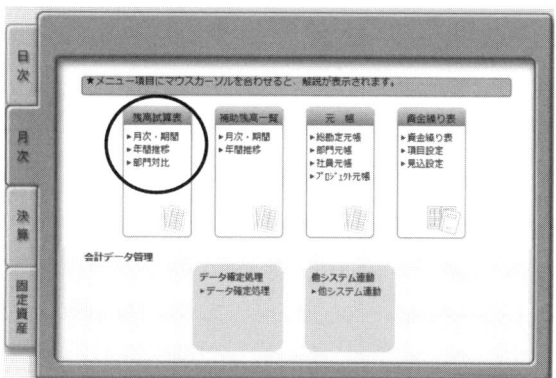

あ、ほんとだ。これを押せば試算表がでてくるんですね。
私が簿記で勉強したのはいったいなんだったんだろう…

簿記で勉強したルールは**手書きで帳簿を作るやり方**だよ。今は**会計ソフト**を使った経理処理が主流だからいろいろルールが違う部分があるんだ。

第1章　簿記と実務は何が違うの？

学習簿記とは「手書き」で記帳するルール

　簿記を学習する上で，多くの受験生が苦手とするのが，**帳簿の転記**と**残高試算表の作成**です。簿記一巡手続きの中でも，元帳への転記は，書き方に複雑なルールが多く，それが押さえられていても，勘定科目や金額などの取引そのものが間違っていたら正解になりません。

　残高試算表の作成問題では，多くの仕訳処理を行い，その結果を勘定科目ごとに集計し，貸借を合わせないといけません。1つでも漏れていたらなかなか金額が合わないことから，苦労した人も多いでしょう。

〔総勘定元帳〕

現　　　金　　　　　　　　　　　　　　1

平成〇年	摘　　要	仕丁	借　方	平成〇年	摘　　要	仕丁	貸　方
1　20	元　入　金	1	1,000,000	1　24	福利厚生費	1	3,000
1　26	売　　上	1	320,000				

買　掛　金　　　　　　　　　　　　　　4

平成〇年	摘　要	仕丁	借　方	平成〇年	摘　要	仕丁	貸　方
				1　18	仕　入	1	250,000

〔残高試算表〕

合計残高試算表
平成○年△月×日

借方残高	借方合計	元丁	勘定科目	貸方合計	貸方残高
600,000	3,100,000	1	現　　金	2,500,000	
1,132,000	1,232,000	2	当座預金	100,000	
80,000	80,000	3	売　掛　金		
		4	買　掛　金	200,000	200,000
	50,000	5	当座借越	350,000	300,000
		6	資　本　金	1,000,000	1,000,000
		7	売　　上	825,000	825,000
389,000	432,000	8	仕　　入	43,000	
120,000	120,000	9	荷造運賃		
4,000	4,000	10	支払手数料		
2,325,000	5,018,000			5,018,000	2,325,000

実務で重要なのは,「書き方」ではなく「読み方」

　オサム先輩が簡単に試算表を出したように，学習簿記で四苦八苦した元帳の転記や残高試算表の集計は今では**会計ソフト**といわれる専用の計算ソフトに仕訳データを入力しただけで，**自動的**に転記され，集計されます。

　そのため，帳簿や試算表はボタン1つで打ち出すことが可能なのです。

　では,「あえて簿記でこれらを学習する必要はないのではないか？」と思う方もいるでしょう。しかし，考えてみてください。書き方のルールがわからないものを読み取ることができるでしょうか？　実務では,**これらを読み取る能力が重要**であり，簿記の学習ではその下準備として書き方をマスターしているのです。

第1章 簿記と実務は何が違うの？

ケイコさん，試算表できた？

はい，こんな感じで出てきました。

試算表(貸借対照表　月次・期間)

北海道株式会社　　　　　　　　　　　　　　　　　　　　　1ページ
部門：全社　　　　　　　　　　　　　　　　　　　作成日：2015/11/23
　　　　　　　　　　　　　期間：2015/11/01 ～ 2015/11/30(第7期)　(単位：円)

勘定科目	前月	借方	貸方	当月	構成比
現金	839,298,341	867,777	0	840,166,118	65.7
小口現金	110,000	0	0	110,000	0.0
当座預金	4,232,965	1,065,554	532,777	4,765,742	0.4
普通預金	7,862,685	0	20,000	7,842,685	0.6
現金・預金合計	851,503,991	1,933,331	552,777	852,884,545	66.7
売掛金	417,033,491	504,478	0	417,537,969	33.0
売上債権合計	417,033,491	504,478	0	417,537,969	33.0
有価証券合計	0	0	0	0	0.0
棚卸資産合計	0	0	0	0	0.0
立替金	4,200	0	0	4,200	0.0
仮払金	1,000	0	0	1,000	0.0
仮払消費税等	226,642	0	0	226,642	0.0
他流動資産合計	231,842	0	0	231,842	0.0
流動資産合計	1,268,769,324	2,437,809	552,777	1,270,654,356	99.7
建物	1,960,500	0	0	1,960,500	0.2
附属設備	69,270	0	0	69,270	0.0

ありがとう。そんなに難しい話じゃないでしょ？

そうですね！　総勘定元帳への転記もばっちり行われているみたいです。

3　転記や試算表作成はソフトでワンプッシュ―パソコン会計―

総勘定元帳

北海道株式会社　　　　　　　　　　　　　　　　　　　　1ページ
勘定科目：売掛金　　　　　　　　　　　　　　　　　作成日：2015/11/23
　　　　　　　　　　　　　　　　　期間：2015/01/01 ～ 2015/11/30

日付	決	相手科目	摘要			借方金額（税込）	貸方金額（税込）	残高（税込）
伝番	社員	相手補助	自補助科目	相手税区分	表記	消費税	消費税	付箋
伝種	期日	相手部門	自部門	自税区分	表記	プロジェクト	セグメント1	セグメント2
							繰越	410,747,044
2015/01/06		売上高	1月分			32,000		410,779,044
55				売課(8%)	内税			
振替		営業部	営業部					
2015/01/06		売上高	1月分			32,000		410,811,044
55				売課(8%)	内税			
振替		営業部	営業部					
2015/01/06	佐藤一郎	売上高	北海商事 売上NO 9			6,090		410,817,134
0				売課(8%)	内税			
振替		本部共通	本部共通					
2015/01/07	佐藤二郎	売上高	青森物産 売上NO 10			5,801		410,822,935
0				売課(8%)	別記			
振替		営業部	営業部					
2015/01/07	佐藤二郎	仮受消費税等	青森物産 売上NO 10			291		410,823,226
0				仮受売上(8%)				
振替		営業部	営業部					
2015/01/10	佐藤二郎	売上高	神奈川Fシステム株式会社 売上NO 1000			209,682		411,032,908
0				売課(8%)	外税			
振替		営業部	営業部					
2015/01/14	佐藤一郎	売上高	北海商事 売上NO 12			2,940		411,035,848
0				売課(8%)	内税			
振替		本部共通	本部共通					

でも，きちんと合っているか確認できるようにならないといけませんね。

そうそう，ソフトは便利だけど手軽に仕訳が入力できる分，間違いも増える可能性がある。だから，きちんと間違いが探せるように**見直し**ができる力が必要なんだよ。

≪実務のポイント！≫

☑簿記の学習は手書き帳簿のルールだから，今のルールと合わないところがある。

☑今の経理処理は，会計ソフトによるものが主流。ボタン1つで残高試算表も総勘定元帳も打ち出せる。

☑出てきた帳票を確認できる力が経理においては大事。

15

第1章　簿記と実務は何が違うの？

コラム1　いろんなタイプの会計ソフト

　簿記で習った内容が実務においてピンとこない，一番の理由が「**ソフトへの入力**」です。

　本文にもあったように，簿記は手書きで帳簿を作るルールであることから，「**書き方**」のルールが数多く存在していました。

　会計ソフト自体は，もともとあった手書きで帳簿を作るルールを**プログラミング化**したものなので，基本的なルールは同じです。しかし，やり方が異なれば，「**何が便利か？**」ということも変わってきます。あまり使わないルールを省き，より便利なやり方を付け加えていった結果，「**会計ソフトで帳簿を作るためのルール**」ができあがったというわけです。

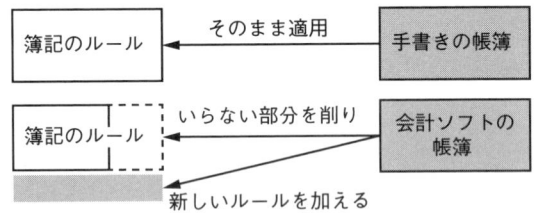

　会計ソフト自体もさまざまなタイプのものがあります。

　大きく分けて，①**自社制作のソフトウェア**と②**市販のソフトウェア**があります。

①自社制作のソフトウェア

　自社制作を使うのは，上場会社などの大手企業です。こういった会社は，取引の件数も多く，手作業で入力していたのでは処理が終わりません。そこで，出荷管理のデータが，そのまま売上の仕訳データとして取り込まれたり，在庫管理のシステムから仕入のデータが仕訳として取り込まれたり，といったように経理以外の自社内のさまざまな管理システムから仕訳データが生成されるような構造のものを**自社で開発**しているのです。

　また，遠隔地にある営業所の従業員が直接仕訳データを作成し，計上することも可能です。このように大手では，自社のニーズに応じてソフトウェアそのものも開発しているのです。

≪システムの連携≫

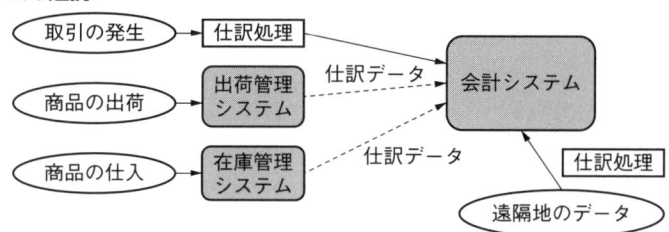

②市販のソフトウェア

　中小企業では，ソフトの開発費用がないことや，入力データが他のシステムと連携しなければいけないほど多くないことから，一般的に市販の会計ソフトを利用します。しかし，これらのソフトも請求書の発行などを行い，入金を管理する「**販売管理ソフト**」や社員の給料を計算するための「**給与計算ソフト**」などのデータを自動で取り込むことができるなど，いままでは大手でしか行っていなかった**システム連携**の機能を持ったソフトが数多く販売されています。

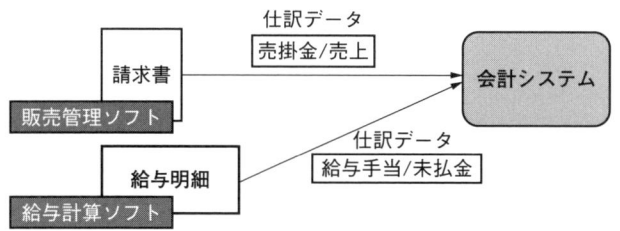

③クラウド型ソフトウェア

　また，新たなソフトウェアの形として注目されているのが，「**クラウド型ソフト**」といわれるものです。今までのソフトウェアはパソコンにインストールして使用するものであったのに対し，クラウド型ソフトは，ソフトウェア会社の保有するサーバー内にあるソフトのデータを，**インターネット**を経由して使用するものです。データは，インターネット環境があればどこでも入力できるので，遠隔地にある営業所などからも入力ができます。このように中小企業であっても，大手企業が使用するようなシステムが手軽に利用できるようになってきているのです。

第1章 簿記と実務は何が違うの？

4 教科書にない勘定科目がたくさん…
―勘定科目と表示科目―

プリントした残高試算表を見せてもらったケイコさん。
試算表には，簿記の学習にはなかった勘定科目がたくさん並んでいます。
「燃料費ってなんだろう？ 簿記の教科書になかったな。これってなんだろう？」

あの，先輩，この「燃料費」っていう科目はいったいなんでしょう？

うちの会社は商品の配送を自社で行っているから，トラックのガソリン代がかなりかかるんだ。だから，ガソリンをいくらぐらい使っているのかわかりやすくするために科目を作ったんだよ。

え？ 科目を作るって…勘定科目って決められているものじゃないんですか？

簿記の学習では，日常取引のエッセンスだけを学ぶ

簿記を学習する際に，まず暗記しないといけないものが，**勘定科目**です。

簿記を使って，取引を記録する理由は，後で出てくる**貸借対照表**（**B/S**ともいいます）や**損益計算書**（**P/L**ともいいます）といった**財務諸表**（実務では「決算書」といういい方をします。）を作成するためです。この財務諸表は，株主などの**利害関係者**に会社の経営状態を説明する資料です。財務諸表は，他社との比較を可能なものにしないといけないため，**統一したルールで作成**されなければなりません。そのため，日々の仕訳の段階から決められた簿記のルール

4 教科書にない勘定科目がたくさん… ―勘定科目と表示科目―

に基づき処理されるのです。

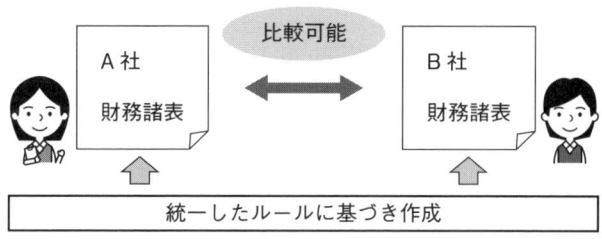

　簿記の学習は，一般的なことを学ぶ目的であることから，**さまざまな会社に共通する部分**を重視しています。そのため，学習する取引は，減価償却費や引当金の計上などの決算整理に関する部分や，手形などの特殊な取引であり，会計期間1年の取引のうち90％近くを占める**期中取引**については，「消耗品費」「福利厚生費」といったエッセンス的な勘定科目しか登場しないのです。

勘定科目にはある程度自由度がある

　前述のとおり，残高試算表は各勘定の残高が誤っていないかをチェックするためのツールですが，同時に経営陣が**意思決定**をする上での現状把握のための資料としても使われます。

　経営を行う上で，どのような収益や費用に着目をするかは，会社によってさまざまです。そのため，経営陣が経営上把握しなければならない収支項目について，あえて特別な勘定科目を**自社で作成**して集計することがあります。つまり，**会社ごとに勘定科目のルールも異なる部分がある**ということです。

第1章　簿記と実務は何が違うの？

≪実務における試算表の機能≫

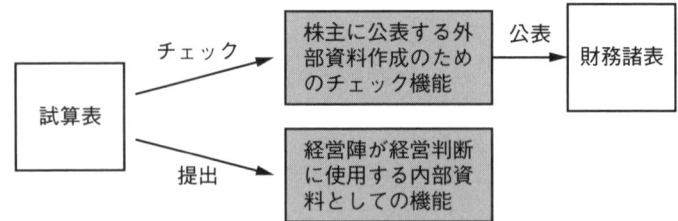

外部公表用の決算書を作る際には，表向きの科目に修正するから，試算表の段階では経営陣が管理しやすい科目にしておいても問題ないんだ。

　これらは当然，簿記の教科書にはない**特別なルール**ですから，これらの使用方法を別途覚えなければなりません。こういった教科書にはない**自由度**が，「実務は簿記の勉強と違う」と思われてしまう原因の1つなのです。

　　下記の各取引について仕訳しなさい。ただし，勘定科目は，次の中から最も適当と思われるものを選ぶこと。

　　　　　現　金　　　当座預金　　　売掛金　　　買掛金

この問題を見ると，問題文では勘定科目を指定して出題しているでしょう？　これは，同じ内容の取引でも実務ではさまざまな科目が使われるからあえて指定しているんだ。

確かにそうですね。まずは，社内での科目の使い方のルールを覚えないといけないんですね。

そうだね。それから，外部に公表する財務諸表はあまり自由に科目を使ってしまうと，利害関係者が判断できないから，**財務諸表に公表するための科目**が定められているんだ。

科目のルールが別にあるんですか？？　なんだか難しいな…

財務諸表に載せる表向きの科目

　財務諸表は，株主や債権者といった**利害関係者**（第2章を参照）に対し，会社の経営状況や財務内容を説明するため，わかりやすい書類である必要があります。会社ごとに異なる勘定科目のままでは適正な判断ができません。

　そこで，財務諸表で使用する科目は，会計基準などで定められたものを使用します。この**外部公表用**の特別な科目を「**表示科目**」といいます。

≪勘定科目から表示科目への組替え≫

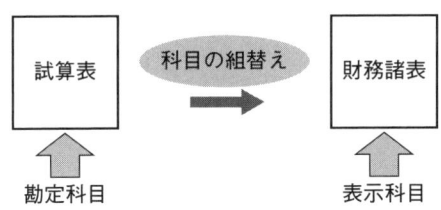

 一般的に有名な表示科目は次のとおりだよ。

勘定科目	表示科目
現金，普通預金，当座預金	現金及び預金
繰越商品	商品
売上	売上高
仕入	当期商品仕入高
貸倒引当金繰入，戻入	貸倒引当金繰入額，戻入額

21

第 1 章 簿記と実務は何が違うの？

売上，仕入も使わないんですね。預金は現金とまとめちゃうんだ。

そう。でも，期中の仕訳処理の段階では，まとめられると残高が合っているのか確認しづらいよね。だから，分けて入力して，あとから合計するんだ。
会計ソフトでは新しい勘定科目を作ったら，どの表示科目に紐づけるかを設定しておけば，自動で表示科目に付け替えてくれる機能があるよ。

≪実務のポイント！≫
☑実務では勘定科目を社内の管理の都合上，新しく設定することがある。
☑外部に公表する財務諸表は「表示科目」という，統一した科目を使用しなければならない。
☑勘定科目は，試算表作成後，財務諸表を作成する際に表示科目に組み替える。

5 会社の内部も簿記で管理?! ―管理会計―

作業にも慣れてきたケイコさんですが，社内のさまざまな部署から上がってくる伝票には，簿記の学習では見たことがないものも多く，まだ理解ができません。あるとき，全く内容のわからない不思議な仕訳が書いてある伝票を渡されました。

振 替 伝 票

No.
○年○月○日

金　　額	借方科目	摘　　　要	貸方科目	金　　額
300,000	未払金	補助科目修正	未払金	300,000
	（A社）		（B社）	
300,000	合　　　　　　　計			300,000

承認印 / 承認印 / 会計印 / 係印

「借方，未払金，貸方，未払金…」あれ？　同じ科目だ！
先輩，借方と貸方に同じ科目が計上されているんですが，これ，間違いですよね？？

あ，それは**補助科目の振替え**だから，それでいいんだよ。

補助科目…ってなんですか？

第1章　簿記と実務は何が違うの？

勘定科目に別の科目をぶら下げて管理する

　簿記の勉強と実務の最大の違いが，「補助科目」というものです。

　これは，ある特定の勘定科目の内訳を示す科目であり，一般的には取引先などを補助科目としておくことで，取引先ごとの残高を瞬時に把握できるのです。

　簿記で学習した**補助簿**である**売掛金元帳**や**買掛金元帳**の作成で出題された部分です。

買掛金元帳
商店A

平成28年		摘　　　要	借　方	貸　方	借／貸	残　高
5	1	前 月 繰 越		120,000	貸	120,000
	15	仕　　　　入		200,000	〃	320,000
	16	返　　　　品	4,000		〃	316,000
	28	支　　　　払	120,000		〃	196,000
	31	次 月 繰 越	196,000			
			320,000	320,000		
6	1	前 月 繰 越		320,000	貸	196,000

　簿記の問題では，帳簿の記入のところでしか登場しませんでしたが，帳簿は仕訳処理を転記して作られますよね？　だから，当然これらの補助簿に記入する際にも前提となる仕訳処理が必要となります。そのときに使われるのが，この補助科目なのです。

　たとえば，取引先A社とB社がある場合に，「売掛金」に「A社」「B社」と2つの補助科目をぶら下げます。A社に販売した場合には，「（借）売掛金（**A社**）900／（貸）売上　900」としておくことで，売掛金の残高のうち900はA社に対するものであることが記録されます。

5 会社の内部も簿記で管理?! ―管理会計―

なるほど。ということは，さっきの伝票は，「未払金」という科目の中で，**補助科目を「A社」から「B社」に振り替えていた**ということなんですね。

そのとおり！　補助科目は，各科目の残高が正しいかを確認するために残高の内訳を分けて計上するために使われるんだ。だから，取引先以外の補助科目をつける場合もあるんだよ。

補助科目の柔軟性

補助科目は，簿記で勉強した売掛金元帳や買掛金元帳に関する範囲だけでなく，実務ではさまざまな科目に付して管理します。

たとえば，営業所などがたくさんある場合は，家賃の支払先も多くなるため，「地代家賃」に**支払先ごと**の**補助科目**を付し，支払い漏れがないかをチェックするのに使います。

また，経費の支払いが毎月決まったサイクルで行われている場合には，**支払日ごとに補助科目**を付します。これで，計上した経費が支払日にすべて支払われているかをチェックするのに使ったりもします。このように，使い方は自由ですし，一度使い方を覚えてしまえば，帳簿のチェックに大きな効果を発揮します。補助簿の勉強が活かされますよ。

帳簿の勉強は書き方のルールが難しくて大変でした。でも，やはり実務では**チェックの方が大事**なんですね。

そうなんだ。でも，補助簿の内容がそのまま総勘定元帳にもリンクしているし，勉強したとおりだよね。

少し自信がつきました。ところで，こっちの伝票の仕訳には部門の名前が入っているんですが，これはなんですか？

それは，**管理会計**用の仕訳なんだよ。経理業務には，簿記で習った外部へ公表する財務諸表を作成する目的の他に，会社内部を管理するという別の目的があるんだ。

25

第1章　簿記と実務は何が違うの？

簿記の教科書に載っていない「管理会計」という会計

　簿記の学習では，簿記の最終的な目的を**利害関係者**（第2章で説明します）に公表する財務諸表の作成であるとしていました。もちろん，これは重要な目的の1つですが，実はこのほかにも重要な目的があります。それが「**管理会計**」というものです。

　前述のとおり，会計データは，経営陣が経営上の判断をするための資料としても活用されます。管理会計では，損益を会社内の**部門ごとに管理**します。そのため，「**どこの部署が収益率が高いか？**」「**どの商品が利益率が高いか？**」など，内部の情報を数字化することができるのです。

　その情報は，わかりやすいところでは，簿記で勉強した原価管理などに活用されます。

　損益分岐点の勉強で，下記のような図を書いて覚えたのではないでしょうか？

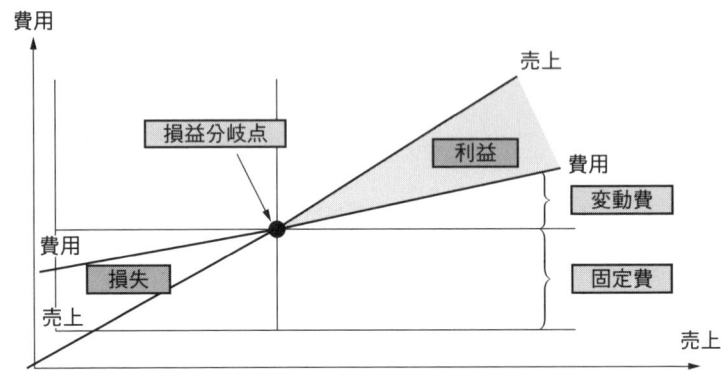

　簿記の問題文によくある計算の前提条件の情報は，現実には日々の業務で作成されたデータを元にしています。実務では，あとでデータが得られるよう，入力の際にさまざまな情報を仕訳につけて入力します。つまり，**1つの仕訳の情報が「日付，勘定科目，金額」だけではない**ということなのです。ここが実務を難しく感じるポイントです。

5 会社の内部も簿記で管理?! ―管理会計―

　しかし，日々の細かい作業を元に作成された**情報の使い方**は，損益分岐点の読み取りのように，実は簿記ですでに学んでいます。個々の論点として覚えた内容がすべて結びつけば，きっと経理の仕事の理解が深まるでしょう。

> 管理会計という言葉は初めて聞きましたが，簿記の勉強でもすでに学習していたことだと知って，ホッとしました。

> 簿記の勉強は，各論点がバラバラに出題されるから，なかなか全体像がつかみにくいけど，実際はすべてが仕訳処理からつながっているんだ。工業簿記で習った**原価計算**は，まさに管理会計の一部なんだよ。

> 簿記の問題の原価計算では，問題文の読み方や資料の読み方ばかりに着目したけど，そこで出てくる資料の数字は，本当は私たちが日々の業務で仕訳処理を行うところから始まるんですね。

> そうなんだ。だから，実務で行う仕訳入力は，簿記の勉強よりもたくさんの情報を盛り込まなければいけない。でも，本質的には勉強した内容と変わらないよ。

≪実務のポイント！≫
☑補助科目は，入力に誤りがないよう，整理するために使われる。
☑取引先別や支払日別など整理しやすいように自由につけてよい。
☑会社の部門ごとに損益の管理を行うことで，経営判断に必要な情報を得られる。
☑実務では内部を管理するための情報も仕訳に加えられる。

第1章　簿記と実務は何が違うの？

コラム２　入力の確認は「比較」する

「試算表が正しく作成されているのかをチェックする」と簡単にいっても，試算表すら初めて見るような経理の初心者では，「何がどうなっていれば正しいのか？」という判断が難しいのではないでしょうか。

そこで，どんな初心者でも数値の正しさを簡単に判断できる方法を見ていきましょう！

その方法とは「**比較**」です。

① ２期比較で前年と比較してみる

多くの会計ソフトには，下記のように前年度の試算表と並べて比較できる帳票があります。２期間を見比べたときに，**前期と比較して異常に金額が増えた**

り減ったりした科目があれば，その原因を調べます。思い当たる原因がない場合には，単なる入力ミスである可能性もあるというわけです。売上や経費の金額が変わっても，売上に対する**経費率**は大きく変わることがないので，2期分の経費率を見比べてみるとよいでしょう。

②販管費は月次推移を確認してみる

　期中においては，**月ごとの推移**を見るのも1つの方法です。

　同じ科目を12カ月並べてみたときに特定の月だけ金額が増減しているようなことがあれば，その月に何か特殊な事情があったのかを確認します。

　販売費及び一般管理費（実務では「販管費」と省略していうのが一般的です）の科目は，月による金額の変動があまりない科目が多いため，これらの科目を確認するには有効な方法です。

北海道株式会社 |||||||||||||| 試算表(損益計算書 年間推移) ||| 3 ページ
部門：全社 ||||||||||||| 期間：2015/01/01 ～ 2015/12/31 次(第7期)（単位：千円） 作成日：2015/11/23
勘定科目	1月	2月	3月	4月	5月	6月	7月	8月	9月	10月	11月	12月	決算月
売上高	3,014	8,989	2,771	194,709	2,556	2,528	354	2,591	750	2,737	819	265	0
売上値引高	0	0	0	-1	0	0	0	0	0	0	0	0	0
売上高合計	3,014	8,989	2,771	194,708	2,556	2,528	354	2,591	750	2,737	819	265	0
仕入高	1,169	35	8	0	0	23	0	0	0	0	0	0	0
製品製造原価	0	0	0	0	0	0	0	0	0	0	0	0	0
売上原価	1,169	35	8	0	0	23	0	0	0	0	0	0	0
売上総損益	1,845	8,954	2,763	194,708	2,556	2,505	354	2,591	750	2,737	819	265	0
給料手当	0	0	0	0	3,560	0	0	0	0	0	0	0	0
荷造運賃	31	0	0	2	2	0	0	1	1	0	0	0	0
交際費	100	0	0	10	15	0	0	5	5	0	0	0	0
旅費交通費	48	200	0	16	148	8	1	8	2	6	0	0	0
販売管理費計	239	200	0	28	3,724	8	1	14	7	6	0	0	0
営業損益	1,606	8,755	2,763	194,681	-1,168	2,497	354	2,577	743	2,730	819	265	0
営業外収益合計	0	0	0	0	0	0	0	0	0	0	0	0	0
営業外費用合計	0	0	0	0	0	0	0	0	0	0	0	0	0
経常損益	1,606	8,755	2,763	194,681	-1,168	2,497	354	2,577	743	2,730	819	265	0
特別利益合計	0	0	0	0	0	0	0	0	0	0	0	0	0
特別損失合計	0	0	0	0	0	0	0	0	0	0	0	0	0
税引前当期損益	1,606	8,755	2,763	194,681	-1,168	2,497	354	2,577	743	2,730	819	265	0
法人税等	0	0	0	0	0	0	0	0	0	0	0	0	0
当期損益	1,606	8,755	2,763	194,681	-1,168	2,497	354	2,577	743	2,730	819	265	0

　このように，**手書きでは作れないさまざまな帳票**が作成できるのも会計ソフトの魅力です。これらをうまく使いこなせることが，優秀な経理職員への第1歩です！

6 仕訳入力は消費税も考えるの？
―消費税の取引分類―

ケイコさんの会社の会計ソフトの仕訳入力画面には「消費税」という項目があります。消費税の仕訳処理は，簿記でも勉強した内容ですが，どうやらこの「消費税」という項目は，すべての仕訳を入力する際に何かを入力しなければいけないようです。

> あのー，先輩。この「**消費税**」という項目って何を入れているんでしょうか？ 勘定科目を入れると勝手に数字がつけられているみたいなんですが…

> ケイコさんは消費税について勉強した？

> はい，税抜経理とか税込経理とか…

> そうそう。まずは，仕訳を確認してみようか？

消費税の税込経理と税抜経理

簿記で勉強する消費税の会計処理には，「**税込経理**」と「**税抜経理**」という2つの処理方法がありました。こんな感じでしたね？

≪税込経理≫

期中仕訳① :	(借)売 掛 金	2,160	/	(貸)売 上	2,160
期中仕訳② :	(借)仕 入	1,080	/	(貸)買 掛 金	1,080

6 仕訳入力は消費税も考えるの？ —消費税の取引分類—

> 税込経理は消費税を含んだ金額で売上も仕入も計上します。

| 決算整理仕訳：（借）租 税 公 課 | 80 | / | （貸）未払消費税 | 80 |

> 決算時に納付する消費税を「**租税公課**」で計上するんだよね。

≪税抜経理≫

| 期中仕訳①：（借）売 掛 金 | 2,160 | （貸）売　　　上 | 2,000 |
| | | 仮受消費税 | 160 |

| 期中仕訳②：（借）仕　　　入 | 1,000 | （貸）買 掛 金 | 1,080 |
| 仮払消費税 | 80 | | |

> 税抜経理は，取引の都度，消費税分を「**仮払消費税**」と「**仮受消費税**」で計上します。それぞれ，資産勘定と負債勘定ですね。

| 決算整理仕訳：（借）仮受消費税 | 160 | （貸）仮払消費税 | 80 |
| | | 未払消費税 | 80 |

> 最後に仮払消費税と仮受消費税を相殺して，納付する消費税を**未払消費税**で計上する。

> どちらの方法で仕訳しても最後に計上される未払消費税や損益の金額は変わらないんですよね。

第1章　簿記と実務は何が違うの？

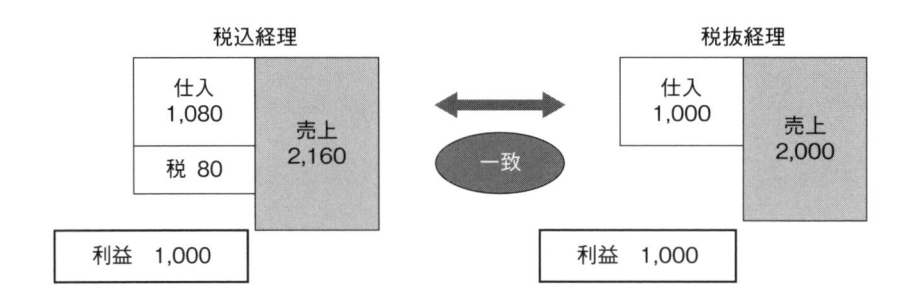

```
         税込経理                              税抜経理
    ┌─────┬──────┐                      ┌─────┬──────┐
    │仕入  │売上   │                      │仕入  │売上   │
    │1,080 │2,160  │    ←─→              │1,000 │2,000  │
    ├─────┤       │    一致              ├─────┤       │
    │税 80 │       │                      │     │       │
    └─────┴──────┘                      └─────┴──────┘
    ┌─────┐                              ┌─────┐
    │利益 1,000│                          │利益 1,000│
    └─────┘                              └─────┘
```

入力しなくても現れる「仮払消費税」と「仮受消費税」

　簿記の学習で出てくる「**仮払消費税**」と「**仮受消費税**」のそれぞれの科目は，日常的な取引の際に発生する，消費税を計上する勘定科目です。税抜経理を行っている場合，簿記の勉強では取引のたびに仮払消費税や仮受消費税を入れて仕訳を切ることになっています。でも，会計ソフトの入力で実際にこれらの科目なんて使わなかったのではないでしょうか？

会計ソフトは消費税を勝手に計上してくれる

　多くの会計ソフトは，この消費税の計上を**自動変換**で入力してくれます。
たとえば，次のような仕訳を入力したとします。

| (借) 仕　　　入 | 1,080 | / | (貸) 買　掛　金 | 1,080 |

　これは，簿記で学習した税込経理の仕訳です。しかし，**ソフトの設定を税抜経理**に設定すると，同じ仕訳がソフトの内部で

| (借) 仕　　　入　　　　　　1,000 | / | (貸) 買　掛　金　　1,080 |
|　　　仮払消費税　　　　　　　80 | | |

と変換されて集計されます。
　そのため，試算表を確認すると計上した覚えのない「仮払消費税」や「仮受消費税」の科目が集計されて出てくるのです。

6 仕訳入力は消費税も考えるの？ ―消費税の取引分類―

> すごい便利！　これで消費税の仕訳を間違うことはなさそうですね！

> いや，そうともいえないよ。消費税の処理は，仕訳の際に入力する「**取引分類**」が最も重要なんだ。消費税の対象とする取引に該当するかどうかの判断が大事だよ。

消費税の計算で最も重要な取引分類

消費税は，**売上**や**仕入**，**経費の支払い**など会社が行う**取引**について**発生する税金**ですが，実はすべての取引に消費税が発生するわけではありません。

消費税には，**非課税取引**など，税金がかからない取引も多数存在します。一例をあげると以下のとおりです。

・免 税 取 引…輸出や海外の会社へのサービスなどに関する取引
・非課税取引…土地の売却，社宅の家賃の支払い，印紙や切手の購入，商品券やプリペイドカードの購入，海外への送金手数料，保険料の支払い，利息の受取り
・不課税取引…香典やお見舞金，ご祝儀などの慶弔費の支払い，税金の支払い，補助金などの受取り，配当金の受取り

> 確かに簿記の授業でも聞いたことがあります。
> すべての仕訳に消費税が関係するわけではないんですね。

> そうなんだ。ところで，この取引の分類を行うのは誰だと思う？

> もしかして…私？？

> そのとおり！

取引の分類はソフトにはできない

　消費税の取引分類は，**すべての仕訳入力の際に必要**になります。
　しかし，先ほどの例を見てもわかるように「支払った家賃のうち，どれが社宅の家賃なのか？」「百貨店の領収書の中に商品券の購入代はあるのか？」といった情報は，当然のことながらソフトには判別できません。そこで，仕訳入力の際には，**「課税対象となる取引なのか？」**を入力者が判断し，仕訳計上しなければなりません。そのため，多くの会計ソフトでは，仕訳入力の画面に**消費税の取扱いを入力する欄**が付されているのです。

> ということは，仕訳入力のために消費税の取引分類を勉強しなければいけないということですね…たいへんだな。

> 会社の取引は，ある程度のものは勘定科目で分類ができるから，そういったものは，あらかじめ**ソフトに登録**しておくこともできるよ。

> よかったー

> でも，すべてがそれで分類されるわけではないから，やっぱり入力者が判断できるようにしておくことも重要だよ！

≪実務のポイント！≫
☑会計ソフトは仮払消費税や仮受消費税を自動で計上してくれる。
☑消費税は仕訳入力の際に，課税取引かどうかの分類を入力する。
☑分類はソフトではできないので入力者自身が押さえておく必要がある。

6 仕訳入力は消費税も考えるの？ ―消費税の取引分類―

第1章は，どうでしたか？
実務の処理が簿記の勉強と違って見えるさまざまな理由を見てきましたが，決して勉強と違うことをしているわけではないということをわかっていただけたでしょうか？

第2章では，簿記で学んだ知識を実際の業務にどのように役立てていったらよいのかを詳しく見ていくよ！
仕訳や複式簿記の秘密も確認するから，忘れちゃった人も安心して読み進めてね。

第2章

簿記一巡で会社の業務を理解しよう！

会社の業務は，簿記で学習した簿記一巡の手続きを繰り返して行われます。
ここでは，簿記で学習した簿記一巡を元に，会社の成り立ち，仕訳や元帳の読み方を学習していきます。
簿記の学習で覚えたさまざまな会計用語の意味を正確に理解して，使える知識にしていきましょう！

第2章　簿記一巡で会社の業務を理解しよう！

1　経理の仕事は簿記一巡
　　―経理のスケジュール―

　本日は経理部全体のミーティング。本年度の年間スケジュールが計山部長より発表されます。
　「みなさん，今年も1年，本決算終了まで頑張っていきましょう！」
　「月次処理？」「本決算？」ケイコさんが聞いたことのない言葉がスケジュール表に並びます。経理の仕事は予定がきちんと決められているみたいです。

> 経理部の仕事って忙しいんですね。聞いたことがないスケジュールばっかり…

> 経理は決算に向けて1年のサイクルでスケジュールを立てるんだ。経理業務の一番の目標は財務諸表を作ることだからね。

経理の年間スケジュール

　ケイコさんのように経理部に配属されたみなさんは，経理の仕事が常に「**スケジュール**」を意識して動いていると感じませんか？　経理内部は，常に**年間スケジュールや月次スケジュール**といったさまざまなスケジュールの中で動いています。経理の仕事を理解するには，まずは会社全体がどのようなスケジュールで動いているのかの理解から始めましょう。一般的な会社の年間スケジュールを大きくとらえると次のようになります。

1　経理の仕事は簿記一巡　—経理のスケジュール—

```
一般的な会社の経理の年間スケジュール
月次処理 ⇒ 中間決算 ⇒ 月次処理 ⇒ 本決算
  ↓         ↓         ↓         ↓
試算表作成  財務諸表作成  試算表作成  財務諸表作成
```

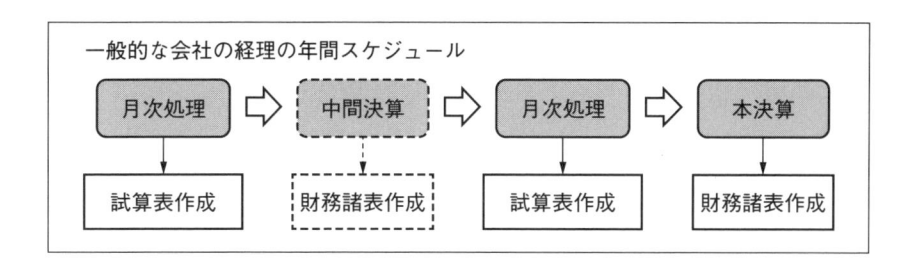

まずは，月次処理。そして，1年のまとめが本決算。中間決算や四半期決算など会社の規模によっては事業年度の途中でも決算をして途中経過の財務諸表の作成をする場合もあるんだよ。

経理の月次スケジュール

年間スケジュールをさらに細かく見ていくと，月々の処理もスケジュールが細かく決められています。一般的に月々の業務を「**月次処理**」といいます。月次処理は，概ね以下のようなスケジュールです。

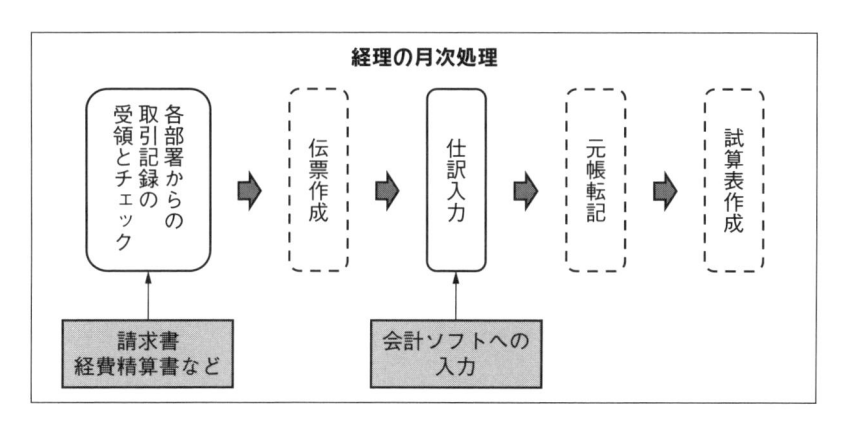

```
経理の月次処理

各部署からの取引記録の受領とチェック ⇒ 伝票作成 ⇒ 仕訳入力 ⇒ 元帳転記 ⇒ 試算表作成
         ↑                                    ↑
   請求書 経費精算書など                  会計ソフトへの入力
```

第2章　簿記一巡で会社の業務を理解しよう！

> 私の行っている業務は，各部署から請求書や経費精算の書類や伝票をもらって，それを会計ソフトに入力する業務です。この点線の部分の仕事は行っていないのですが…

> 前に説明したとおり，点線の業務は，実務では会計ソフトのシステム処理で行われている部分なんだ。ところで，この図，どこかで見たことないかな？

> もしかして…簿記一巡？？

簿記一巡で会社の年間スケジュールを理解しよう

　簿記の勉強では，一般的に**簿記一巡の手続き**の説明から始まります。下記の図のような簿記一巡の手続きを学習しませんでしたか？　現実の会社も1年ごとに区切った「**会計期間（事業年度）**」ごとに営業の成績を計算し，財務諸表にまとめ，株主総会などを通じ，利害関係者に報告しなければなりません。経理のスケジュールは，まさにこの簿記一巡の手続きの流れをもとに具体的なスケジュールが組まれているのです。

簿記一巡の手続き

取引の発生 → 仕訳 → 転記 → 試算表作成 → 決算整理 → 財務諸表の作成 → 勘定の締切

仕訳 → 仕訳帳又は伝票
転記 → 総勘定元帳
財務諸表の作成 → 貸借対照表　損益計算書

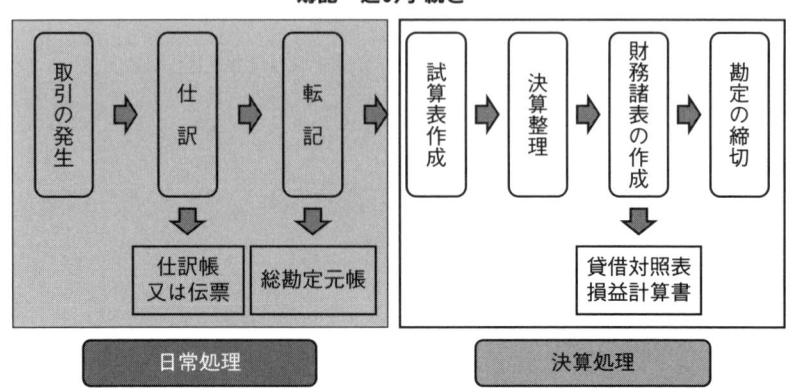

日常処理　／　決算処理

これを見ると，簿記で学習する簿記一巡は，「**月次スケジュール＝日常処理**」と「**年間スケジュール＝決算処理**」に近いことがわかります。それでも，学習簿記による簿記一巡と経理業務のスケジュールとに違いを感じる理由は，第1章で学習した両者の違いのうち次の3つの違いによるものです。

① 実務では，経理以外の人が取引を行い，伝票も記載する。
② 学習簿記は手書き簿記のルールであり，経理実務は会計ソフトを使う。
③ 学習簿記にない経理の目的に，内部管理がある。

簿記一巡の手続きは，経理業務に限定しているわけでなく，社内で行われる簿記に関する業務をまとめたものです。そのため，**実際には経理以外の部署で行われる取引や伝票作成**もこの簿記一巡のサイクルに入ってきます。

また，簿記のルール自体が「**手書き帳簿**」の作成をベースに作られたものなので，すでに**会計ソフトが自動的に処理**するようになった内容も含まれています。さらに，実務における経理処理の目的として，学習簿記にはない「**内部管理**」があることから，学習簿記では決算処理とされている**試算表作成**も月次業務に組み込まれています。

実務用ハイブリッド簿記一巡の手続き

それでは，簿記一巡の手続きに実際の経理業務のスケジュールを当てはめて作成してみましょう。

第2章　簿記一巡で会社の業務を理解しよう！

ハイブリッド簿記一巡の手続き

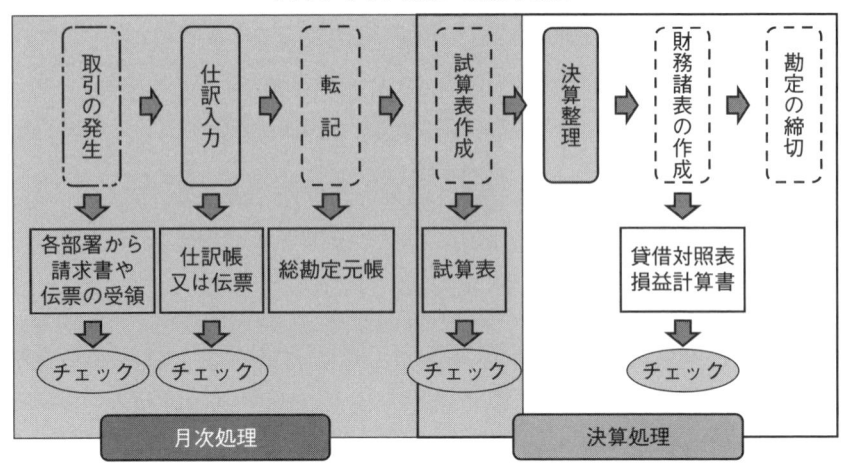

取引の発生 → 仕訳入力 → 転記 → 試算表作成 → 決算整理 → 財務諸表の作成 → 勘定の締切

- 取引の発生 ↓ 各部署から請求書や伝票の受領 → チェック
- 仕訳入力 ↓ 仕訳帳又は伝票 → チェック
- 転記 ↓ 総勘定元帳
- 試算表作成 ↓ 試算表 → チェック
- 財務諸表の作成 ↓ 貸借対照表・損益計算書 → チェック

【月次処理】取引の発生〜試算表作成
【決算処理】決算整理〜勘定の締切

> 点線の業務は，ソフトのデータ処理で行われている部分だよ。それから，試算表は記帳が正しく行われているのかを確認する簿記の勉強での目的のほかに，**社内での管理業務にも使われる**んだったよね。だから，実務では**月次処理と決算処理の両方で使われている**んだ。

> 便利になった分，ほかにやることができたわけですね。

> そうだね。各部署が作成した伝票のチェックをしたり，**固定資産台帳**などの仕訳の元になる資料を作成しなければならないし，仕訳の前の作業も実はたくさんあるんだよ。

≪実務のポイント！≫

☑ 経理の年間スケジュールは簿記一巡の手続きのとおり。

☑ 試算表の作成は決算処理だけでなく日常処理でもある。

☑ 経理の実務では，仕訳の元になる資料を作成することも重要！

コラム3 利害関係者ってそもそもどんな人？

簿記の説明でよく出てくる「**利害関係者**」
いったいどんな人なのでしょうか？
この疑問に答えるために，まずは会社の成り立ちから確認してみましょう。

①そもそも会社とはなに？

私たちが一般的に「会社」と呼ぶ「**株式会社**」の起源は 16 世紀から 17 世紀の大航海時代に設立された「**東インド会社**」であるといわれています。東インド会社は，ヨーロッパとインドや東南アジアとの貿易を行っていた船会社でした。当時，航海には莫大な費用と年月を要することから，航海の前に資金援助を募り，航海が終わるとその貿易で得た利益を資金援助者に分配するという形を取っていました。これが，**株式**と**配当**の起源です。多くの人からお金を募ることで，貿易という大きな目標が達成できたのです。

このように，他者から資金を集め，目的を成し遂げた後，資金援助者にその儲けを分配する制度が大航海時代にすでにできあがっていました。これが，株式会社という組織です。

会社で働くみなさんは，いわばこの会社という船の乗組員なのです。もちろん，果敢にもこの壮大な船旅に同行したみなさんにも分配が行われます。それ

が**給与**です。

　つまり，利害関係者とは，広い意味でとらえると，この「**会社の経営に関わったすべての人**」を指すのです。ほかにも，お金を貸してくれる銀行や税務署，取引先なども利害関係者です。

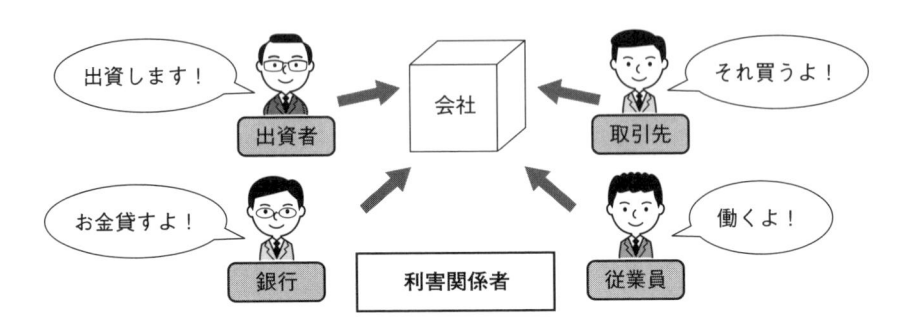

②なぜ利害関係者に報告が必要なのか？

　ところで，あなたがこの東インド会社に出資をしていたとします。航海から戻ってきた東インド会社の親分から，何の説明もなく「分配金だ」と，想像していたよりも少ないお金を渡されたらどう思うでしょうか？　きっと，こういいますよね？

　　「ちゃんと結果を報告してよ！」

　これと同様に株式会社の運営資金は，株主から預かったお金を元にしています。当然，株主たちは，預けたお金が増えたのか減ったのかが気になります。そのため，株主たちに預かったお金の運用状況を説明する必要があります。これが，簿記の目的である**財務諸表**（決算書）なのです。

2　1粒で2度おいしい!?　―複式簿記―

貸借対照表と損益計算書,財務諸表には2つの表があります。

簿記の学習では,これを作る練習をしたのですが,そもそもどうして2つの表が必要なのでしょうか?

ケイコさんが,疑問に思って聞いてみると,オサム先輩が複式簿記について教えてくれるみたいです。

「**複式簿記**」という言葉を聞いたことがある?

うーん。家計簿みたいなものを**単式簿記**っていうんですよね。簿記で勉強した仕訳を切って帳簿をつけるのが複式簿記だったと思います。

正解だけど,具体的にどう違うのかな?　家計簿もお金の流れをつけるのは一緒だよね?

確かにそうですね。うーん,複式というからには2つのものが含まれているのかな?

そのとおり!　複式簿記は2つのものごとを同時に表現できる手段なんだ!

複式簿記は2つのことがわかる

私たちが**家計簿**をつけるときのことを考えてみましょう。次の4つの取引を家計簿に記載します。

6/10	夏のボーナス30万円をもらう
6/15	狙っていたアンティークのランプを3万円で2つ買う
6/18	マッサージにいって3,000円支払う
6/20	弟に旅行代5万円を貸す

> 家計簿だから，記帳するのは**金額**と**お金の増減**，それから**内容**ですよね。

> そうだね。帳簿だから**金額**の増減を記すよね。だから，ランプがアンティークだとか，2つ買ったといった「**金額で表現できないこと**」は記録できないよね。

家 計 簿

（単位：円）

月	日	摘　　要	収　入	支　出	残　高
		繰越			70,000
6	10	ボーナスの受取り	300,000		370,000
6	15	ランプの購入		60,000	310,000
6	18	マッサージ代		3,000	307,000
6	20	弟へ貸付け		50,000	257,000

> でも，アンティークのランプだからすごく値上がりするかもしれないですよ！
> 弟へ貸したお金も別にメモしておかないと，忘れちゃいそうですね。

> いいところに気付いたね。マッサージのように支払ったら何も残らないものに対して，「ランプ」や「貸し付けたお金」は目に見える見えないに関わらずお金が別の「**もの**」に変化しただけなんだ。

2 1粒で2度おいしい!? ―複式簿記―

> そうか、単式簿記だと収支しか記録しないから、「今お金がどれだけ残っているか？」しかわからないけど、仕訳は収支とは関係のない**資産**や**負債**も記録しますね。

> そういうこと。じゃあ、これを仕訳を切って貸借対照表や損益計算書の形にしてみるよ。

6/10	（借）現　　　金	300,000	/	（貸）収　　　入	300,000
6/15	（借）備　　　品	60,000	/	（貸）現　　　金	60,000
6/18	（借）福利厚生費	3,000	/	（貸）現　　　金	3,000
6/20	（借）貸　付　金	50,000	/	（貸）現　　　金	50,000

貸借対照表

| 〈資　産〉
現金　257,000
備品　　60,000
貸付金　50,000 | 〈純資産〉
70,000 |
| | 〈利　益〉
297,000 |

損益計算書

| 〈費　用〉
福利厚生費
3,000 | 〈収　益〉
収入
300,000 |
| 〈利　益〉
297,000 | |

> ランプはフリーマーケットで売ったらお金になるし、弟に貸したお金はあとから返ってくるから、手許に残りますね。

> そうなんだ。複式簿記を使うとお金の収支だけじゃなくて**財産も管理できる**んだ。これをみたら、あとで弟から返してもらうお金も一目でわかるよね。

　このように、複式簿記は、仕訳だけで損益の計算だけでなく、**財産の管理**（簿記ではこれを**財政状態**といいます）もできる画期的なツールなのです。

なぜ損益だけじゃだめなのか？

　では、なぜ会社は損益の他に財政状態の管理も必要とするのでしょうか？

第2章　簿記一巡で会社の業務を理解しよう！

　これには，会社が**ゴーイング・コンサーン**（Going Concern：**永続的に続く存在**）であると考えられていることを一因とします。

　P.43で出てきた東インド会社の時代，出資者に対する分配は，航海が終わるごとに行われていました。出資した資金は航海が終わると分配金として返還され，また新たな旅が始まると新しい出資者を募るといった具合です。

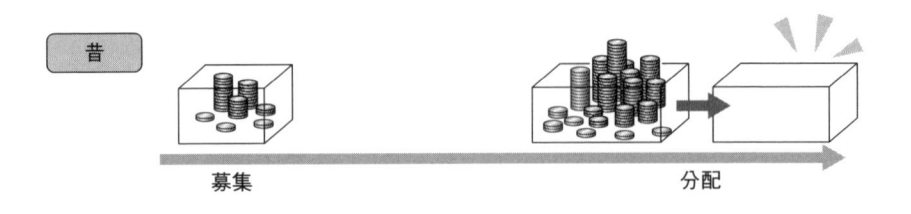

昔

募集　　　　　　　　　　　　　　分配

　しかし，現代の株式会社は，永続的に続くということが前提となっています。会社が解散するまで株主に利益を分配しないというわけにもいかないので，**人為的に期間を区切って計算する必要がある**のです。

　この人為的に区切った計算期間が**会計期間**（**事業年度**）といわれるものです。

　そのため，株主からもらった資本金は，常に会社を運営するための資金として手元に置いておかなければならず，株主に分配する利益とは区別しておく必要があったのです。

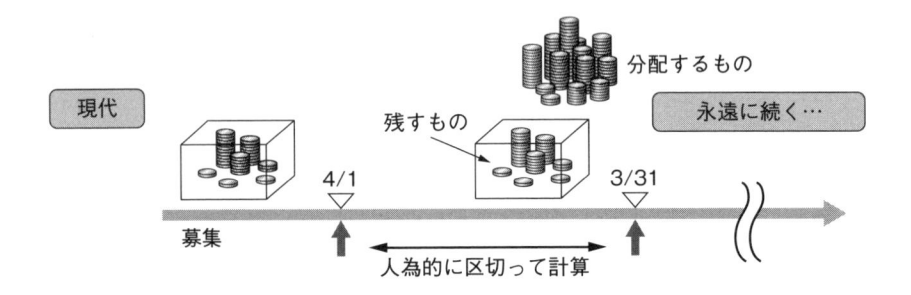

現代

分配するもの
残すもの
永遠に続く…
4/1　　　　　　3/31
募集　　　人為的に区切って計算

> なるほど。会社は永続的に続くから，次の期間の収益を得るために必要な財産の管理もしておかなければならないんですね。

> 株主は**利益**について配当が支払われるから，元手に対していくら儲けが出ているかという**損益の計算**も必要なんだね。複式簿記はまさに1粒で2度おいしい画期的な計算手法だったんだ。

≪実務のポイント！≫
☑ 複式簿記は，損益だけでなく財産の管理もできるスグレモノ。
☑ 会社の元手と配当のための損益を分けて計算することができる。

3 右と左は必ず一致　—仕訳の法則①—

「仕訳は必ず貸借が一致しなければならない…」
ケイコさんは，簿記の先生から教わった簿記のルールを思い出していました。
ソフトの入力は慣れたものの，自分一人で仕訳が作れるのか，まだ自信がありません。

ところでケイコさんは仕訳のルールはもう大丈夫かな？

借方と貸方が一致するとか，資産，負債，純資産，収益，費用の**5つに勘定科目が分かれる**ということですよね。
だいたいはわかるのですが，仕訳は覚えることが多くて…たまにわからなくなります。

それは，仕訳そのものを覚えているんじゃないかな？

確かにそうですね。簿記の勉強では，「この項目ではこの仕訳」というのを書いて覚えていた気がします。

ルールがわかれば仕訳は簡単？

簿記の勉強では，初めて見るようなさまざまな**取引をひたすら仕訳で覚えていく**という学習を続けていた人も多いのではないでしょうか？

実務で必要な仕訳の能力は，実際に起こった出来事をいわば仕訳という形で「**翻訳**」していく作業です。そのため，取引そのものを覚えるのではなく，仕訳のルールをしっかり理解しましょう。これがマスターできれば，どんな取引にも対応できますからね。

3 右と左は必ず一致 —仕訳の法則①—

> それじゃあ，まず仕訳の意味を確認していこう！
> 仕訳は**原因と結果を記した日記**と考えるとわかりやすいよ！

何をしたらどうなったのか？　仕訳は原因と結果を記す日記

　単式簿記で見てきた内容は，物事を1つの面からしか捉えません。そのため，記帳される内容は「ランプを買った」や「お金を貸した」という事実のみです。前に学習したように，単式簿記は家計簿のように**現金の収支**だけを対象としていたためです。

　これに対して，複式簿記は物事の**損益**だけでなく，現金以外の資産や負債の増減という**財産**も把握できるのが特徴でした。そのため，複式簿記を使うと「**何をしたら，どうなったのか？**」という取引の**原因**と**結果**を把握することができるのです。

> たとえば，車を400万円で買ったとするよね？　このときに，400万円を銀行から借りて支払ったとしたら仕訳はどうなる？

> **（借）車両運搬具　400万円　／（貸）借入金　400万円**
> となります。

> そうそう。
> 車を買った（**原因**）ら，借金が増えた（**結果**）
> となっているでしょう？

> ほんとですね！

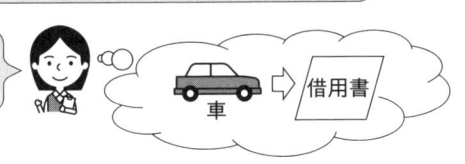

仕訳の3つのルール

　次に仕訳のルールを見ていきましょう。仕訳には次の3つのルールがあります。

① 勘定科目は「資産」「負債」「純資産」「収益」「費用」のどれかに分類される。
② 5つの分類のポジションは正のポジションと負のポジションが決まっている。
③ 仕訳の貸借合計は必ず一致する。

　すべての取引は仕訳を行う上で，勘定科目を使い，貸借対照表に属する「**資産**」「**負債**」「**純資産**」と損益計算書に属する「**収益**」「**費用**」に分類します。この5つは，それぞれ仕訳の右と左のどちらに置くのかという**ポジション**が決まっており，仕訳を行う際は「**科目の金額が増えれば正のポジション，減れば負のポジション（逆側）**」に置きます。

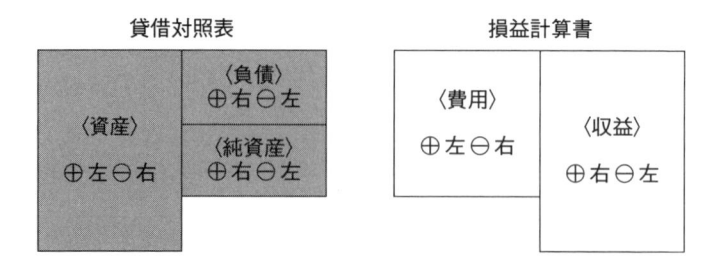

貸借対照表

〈資産〉
⊕左 ⊖右

〈負債〉
⊕右 ⊖左

〈純資産〉
⊕右 ⊖左

損益計算書

〈費用〉
⊕左 ⊖右

〈収益〉
⊕右 ⊖左

金額が増えたら正のポジション（＋）におく。
金額が減ったら負のポジション（－）におく。

> さっきの車を借入金で買った仕訳だと，車は「資産」で増えたから左（借方）に置く。借入金は「負債」でやっぱり増えているから右（貸方）に置く。

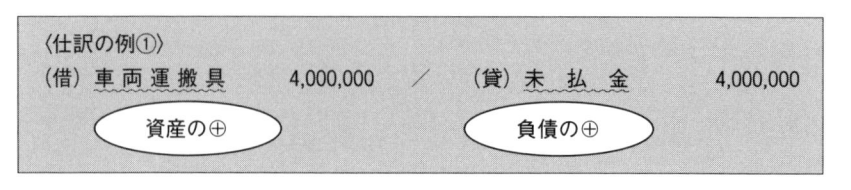

〈仕訳の例①〉
（借）車両運搬具　　4,000,000　　／　　（貸）未 払 金　　4,000,000
　　　　資産の⊕　　　　　　　　　　　　　　　負債の⊕

3　右と左は必ず一致　―仕訳の法則①―

> 1つの仕訳で**複数の科目**を使いたいときも**貸借が一致**するか確認

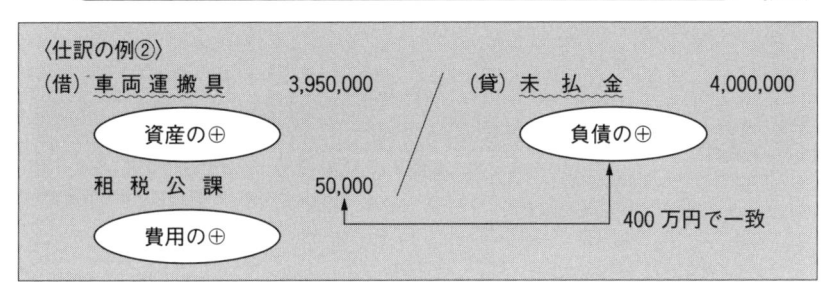

〈仕訳の例②〉

(借) 車両運搬具　3,950,000　　　(貸) 未　払　金　4,000,000

　　　 資産の⊕　　　　　　　　　　　　　負債の⊕

　　　租　税　公　課　　50,000

　　　 費用の⊕　　　　　　　　　　　　　400万円で一致

> ソフトに入力するときは，一致しないと登録ができないですね。やっぱりこれも簿記で教わったとおりですね！

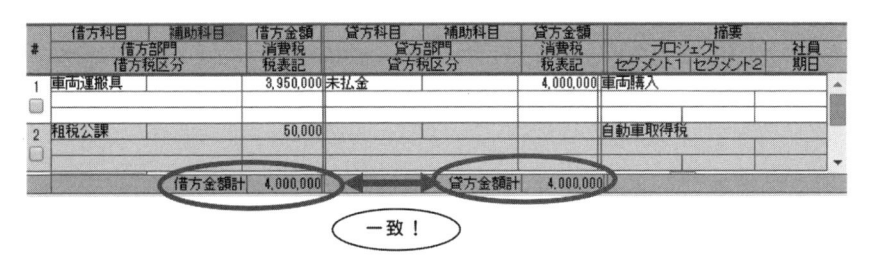

#	借方科目 補助科目 借方部門 消費税 借方税区分 税表記	借方金額	貸方科目 補助科目 貸方部門 消費税 貸方税区分 税表記	貸方金額	摘要 プロジェクト セグメント1 セグメント2	社員 期日
1	車両運搬具	3,950,000	未払金	4,000,000	車両購入	
2	租税公課	50,000			自動車取得税	
	借方金額計	4,000,000	貸方金額計	4,000,000		

　　　　　　　　　　　　一致！

このルールを元に仕訳を行った結果…

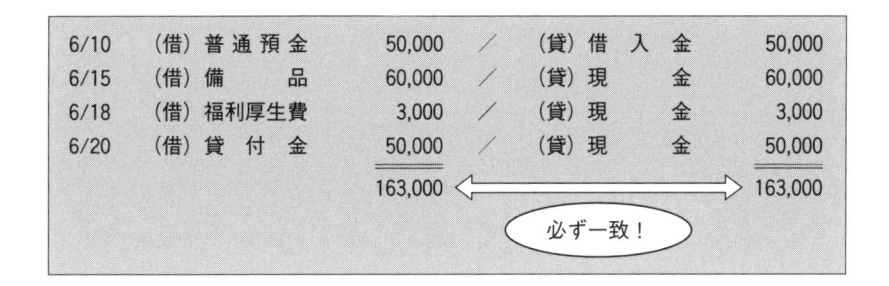

6/10	(借) 普通預金	50,000	/	(貸) 借　入　金	50,000
6/15	(借) 備　　品	60,000	/	(貸) 現　　　金	60,000
6/18	(借) 福利厚生費	3,000	/	(貸) 現　　　金	3,000
6/20	(借) 貸　付　金	50,000	/	(貸) 現　　　金	50,000
		163,000			163,000

　　　　　　　　　　　　必ず一致！

作成される**残高試算表**は常に**貸借一致**した金額になります。さらに，残高試算表は**5つの各科目を集計した表**ですので，そこから作成される貸借対照表や損益計算書の**利益は一致**するのです。

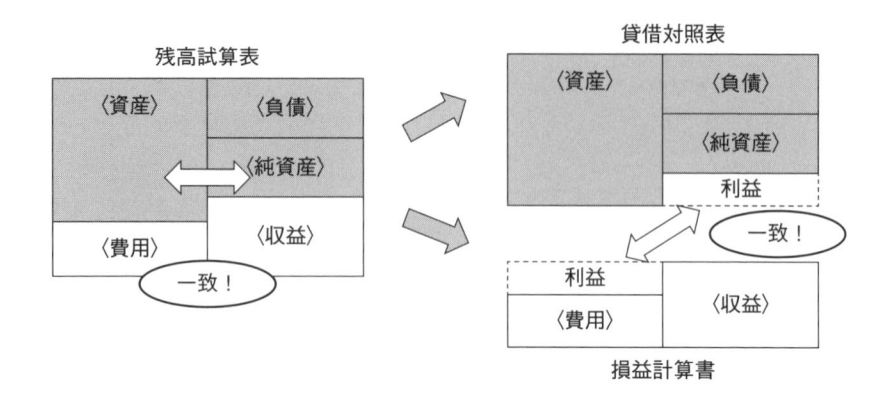

≪実務のポイント！≫
☑勘定科目は「資産」「負債」「純資産」「収益」「費用」のどれかに分類される。
☑5つの分類は正のポジションと負のポジションが決まっている。
☑仕訳の貸借合計は必ず一致する。

4 資産・負債・純資産の意味 ―仕訳の法則②―

経理部に来る伝票は，さまざまな内容のものがあります。ケイコさんは，仕訳のルールを思い出しながら，担当している業務の伝票を1つ1つ整理しています。

> 私が主に担当している業務は，**現金出納帳**や**預金**の入力，**社員立替**の入力なので，経費に関する科目が多いです。

> じゃあ，質問。社員経費の立替えの**科目**は何？

> うーん，お金を立て替えているんですよね。「**立替金**」じゃないんですか？ そういえば昨日部長に頼まれてお茶を買ってきたから，返してもらわないと…

> それはケイコさんが立て替えたんだよね？ 仕訳に使う科目は「**会社にとって**」どういう位置づけなのかってことだよ。会社はケイコさんにお茶代を払わないといけないよね。だから「**未払金**」が正解。

資産・負債・純資産の貸借対照表科目は集め方と使い方

　経理で行う仕訳は，当然のことながら**会社が行う取引**の仕訳です。この立替金の話，ケイコさんのように「自分にとっての」ものと勘違いして仕訳してしまう人が多いんです。

　財政状態を表した貸借対照表は，「**会社にとっての**」資産や負債ですから，その点を注意しましょう。では，貸借対照表の3つの科目の**正のポジション**はどうなっていましたか？

第2章　簿記一巡で会社の業務を理解しよう！

> **資産が左**（借方），**負債と純資産が右**（貸方）…
> 同じ資産なのになんで資産と純資産は右と左が逆なんだろう？

> いいところに気付いたね。仕訳は**原因と結果**っていったのを覚えている？　実は，貸借対照表は，お金の**集め方と使い方**を表した表なんだ。

たとえば，次のような仕訳があります。

| 仕訳①：（借）現　　　金 | 300,000 | ／ | （貸）資　本　金 | 300,000 |

仕訳は原因と結果なので，この仕訳を翻訳すると

⇨　30万円の出資を受けたので，現金が30万円増えた

となります。では，次の仕訳はどうでしょうか？

| 仕訳②：（借）現　　　金 | 300,000 | ／ | （貸）借　入　金 | 300,000 |

⇨　30万円を借りたので，現金が30万円増えた

> 結果として**30万円増えた**のは変わらないんだけど，その原因が出資してもらったのか，借りたのかの違いということですね。

> そうだね。資本金は「**純資産**」，借入金は「**負債**」。ともに正のポジションが右の科目だよね。資産はお金とか車とか商品とか目に見えるものが多い。反対側の負債と純資産は形がないものだよね。

> ほんとだ。借入金も資本金も目に見えないですね。どういう原因で目に見える「現金」になったのか，ということを表しているんですね。

　仕訳①と②の結果，60万円のお金が集まっています。このうち，純資産である資本金は「**自己資本**」といういい方もします。自分の資本，つまり，**返さなくてよいお金**を指します。資本金は株主から集めた**元手**なので，会社が永続

4　資産・負債・純資産の意味　—仕訳の法則②—

的に続く限り，返さなくてよいお金です。これに対し，負債は「**他人資本**」といういい方をします。手元にあるお金は，返さないといけない一時的にあるお金という意味です。

　つまり，目に見える60万円の現金は，「**返さなくてよい30万円**」と「**返さないといけない30万円**」ということです。資産は，「**純資産**」に対し，「**総資産**」といういい方をします。返すか返さないかに関わらず，「今手元にあるすべてのもの」ということですね。

> 負債や純資産がお金の集め方だというのはわかったんですが，**資産がお金の使い方**というのはどういうことですか？

> 資産の科目が現金だけだとわかりづらいけど，こんな場合を考えてみようか。

集めたお金の使い方

　たとえば，資本金と借入金で集めた60万円で車を買ったとします。すると，貸借対照表は下のように変わります。

使い方	集め方
現　金 60万円	借入金 30万円
	資本金 30万円

⇒

使い方	集め方
車 60万円	借入金 30万円
	資本金 30万円

> ほんとだ，**借入金や資本金で集めたお金で車を買った**，ということですね。

> ね，わかりやすいでしょう？　こうなったときに負債と純資産を分けていなかったらどうなると思う？

第２章　簿記一巡で会社の業務を理解しよう！

> お金はすでに使ってしまって車しか手元にないけど，**30万円は後で返さないといけない**から，集めたときの記録を残しておかないといくら返さなきゃいけないのかわからなくなっちゃいますね！

> そうそう，僕もクレジットカード使いすぎてたまにびっくりするけど…会社は大きな買い物をするからわからないと一大事だよね！

貸借対照表だけだと一時点しかわからない

　資産，負債，純資産の意味がなんとなくわかってきたでしょうか？
　では，次の２つの時点の貸借対照表を見てみましょう。

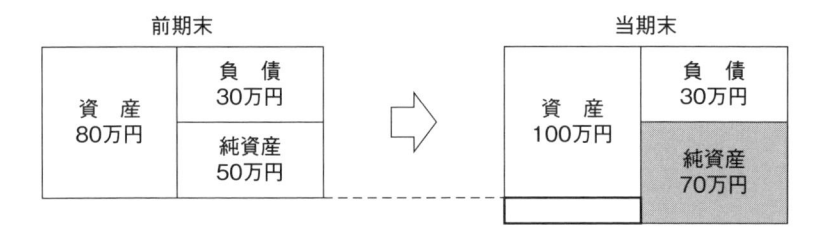

前期末		⇒	当期末	
資　産 80万円	負　債 30万円		資　産 100万円	負　債 30万円
	純資産 50万円			純資産 70万円

　前期末に比べて，当期末は**資産が20万円増えて**います。その原因は何でしょう？

　お金の集め方である，貸方を見ればよいのですから，答えは「**純資産の増加**」です。この純資産の増加の原因をもう少し詳しく見ていくと，下記のようになっています。

資　産 100万円	負　債 30万円
	純資産 70万円
		} 利益20万円

4　資産・負債・純資産の意味 ―仕訳の法則②―

> 資産が20万円増えた原因は，**利益が20万円出た**ということなんですね！

> そうなんだけど，じゃあ，「利益」って何？

> うーん。なんだろう？　確かに借入金や資本金と違って，どういうものって説明しづらいですね。

> 利益は，**儲け**のようなものだよ。儲けは資本金や借入金と違って，それだけで発生するものじゃなくて，収益と費用の差額だよね？　確かに20万円の利益が出たのはわかるけど，資産と負債と純資産は「**今この時点の**」金額だから，利益の出ている原因まではわからないんだ。

> だから損益計算書が別に必要なんですね！

≪実務のポイント！≫
☑負債や資本（純資産）はお金の集め方，資産はお金の使い方をそれぞれ表す。
☑負債は「他人資本」，純資産は「自己資本」。返済が必要か必要でないかをわかるように分けて計上している。
☑貸借対照表は，利益の増加原因まではわからないから損益計算書も必要。

第2章 簿記一巡で会社の業務を理解しよう！

5 収益と費用の意味　—仕訳の法則③—

簿記の勉強では，ただ覚えていた勘定科目もその意味がわかると自然と使い方が押さえられます。資産・負債・純資産の秘密がわかったところで，残りの2つ収益と費用も見ていきましょう。

> 科目の意味がわかると，仕訳も間違わなくなりますね。

> そうだね。試験勉強と違って，経理の仕事は一生続くことだから，ちゃんと本質を理解しようね。

> そうですよね。そういえば，**収益と費用**にはどういう意味があるのですか？

> 収益と費用は前期末から当期末までの間の動きを示すんだよ。

前期末と当期末の間に何が起こった？

5つの分類の残り2つ，「**収益**」と「**費用**」を見ていきましょう。

収益は，商品などの販売をした際の売上や利息の受取りなど**純資産が増えるもの**をいい，費用は給料や仕入れ代金の支払いなどの**純資産を減らすもの**をいいます。

> 他の人に返さないといけない他人資本じゃないから，これらがあると**「純資産」が増減**するんですね。
> あれ？　でも資本金も純資産を増やしたり減らしたりしますよね？

5 収益と費用の意味 —仕訳の法則③—

> よく気付いたね。収益や費用は単に純資産ではなく厳密にいうと「**資本以外の純資産**」を増やしたり減らしたりする効果のあるものをいうんだ。

資本と利益は区分しなければならない？！

複式簿記のところでも説明したように，会社は**永続的に続く存在**だと考えられています。大航海時代，航海のたびに出資者を募り，航海が終わると株主から提供された資金は，その航海における儲けの分配とともに返金されました。このやり方では，会社が永遠に続くと仮定すると配当ができないことになってしまいます。

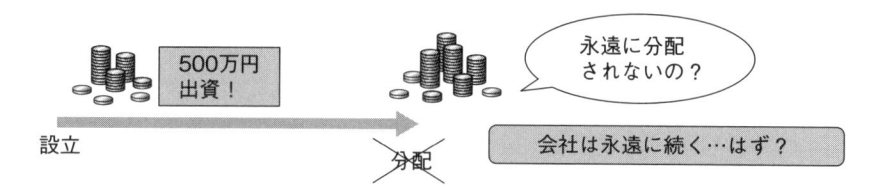

> 永遠に分配されないの？

> 会社は永遠に続く…はず？

500万円出資！

設立　　　　　　　分配

そこで，現在のように期間を区切って，**途中経過の成績**を計算し，株主に分配することとなったのです。

> この間で儲かった？

設立　　4/1　　　　　　　3/31

人為的に区切って計算

しかし，永続的に続くとなると，手元資金をすべて分配するわけにはいきません。

> 農作物なんかのように，全部なくなってしまったら次の年に蒔く種がなくなってしまうよね？　だから，**元手となる資本金は分配しないで**残しておかないといけないルールになっているんだ。

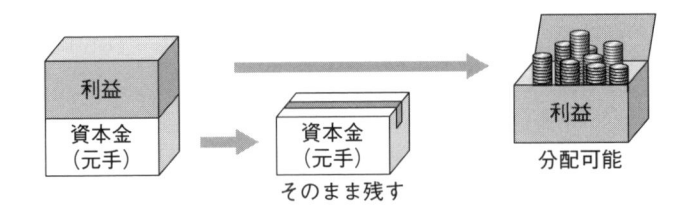

第2章　簿記一巡で会社の業務を理解しよう！

> 元手となる資本金を分配しないようにするために，**資本金以外の純資産をP/Lで計算**して，配当するんですね。

収益・費用には期首繰越がない

　資産・負債・純資産の貸借対照表に属する科目と違い，収益や費用には**期首繰越の金額**がありません。

　収益や費用は1会計期間の経営成績を表したものですので，繰り越してしまうと次の期間の収益や費用は当期から累積した金額になってしまうため，**当期の正確な利益が算定できなくなってしまう**からです。

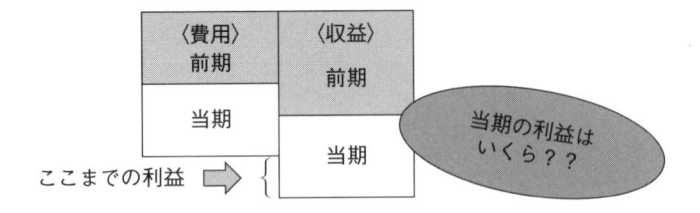

> 簿記で勉強した**勘定の締切り**って覚えているかな？

> 収益と費用は「**損益**」勘定に振り替えるんでしたよね？
> そういえば，損益勘定は**当期純利益**を振り替えるって習いました！

5 収益と費用の意味 —仕訳の法則③—

栃木商店（決算年1回，12月31日）は，当期の4月1日に，取引銀行から現金¥2,000,000を期間を1年として借り入れた。この借入れに対する支払利息勘定の記入（推定を含む）は次の通りであった。答案用紙の各日付の仕訳を示しなさい。

支　払　利　息

9/30	当座預金	30,000	12/31	（　？　）	（　？　）
12/31	未払利息	（　？　）			
	（　？　）				（　？　）
			1/1	（　？　）	15,000

取引		借方科目	金　額	貸方科目	金　額
9/30	利払日	支払利息	30,000	損益に振替え	30,000
12/31	決算整理	支払利息	15,000	未払利息	15,000
	決算振替	損　益	45,000	支払利息	45,000
1/1	再振替	未払利息	15,000	支払利息	15,000

> 簿記の問題だと，こういう勘定の締切り方の問題ばかりで，なんでこういう仕訳になるのか初めてわかりました。

> こんな感じでそれぞれの勘定がつながっているって習うよね。

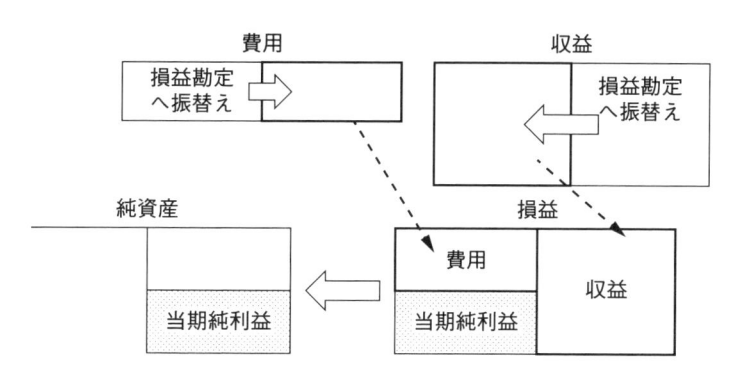

63

第2章　簿記一巡で会社の業務を理解しよう！

> まさに,「損益」が**純資産に振り替えられて**いますね。

> ここでいう純資産は,資本の増加ではなく**利益の増加**。損益計算書は**貸借対照表の間をつなぐもの**って押さえておいてね。

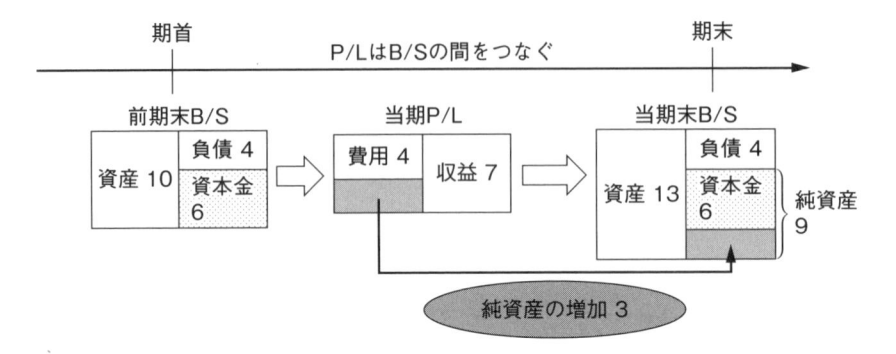

```
      期首                                        期末
      |        P/LはB/Sの間をつなぐ                |
──────┼──────────────────────────────────────────┼──────→

  前期末B/S              当期P/L              当期末B/S
  ┌─────┬─────┐      ┌─────┬─────┐      ┌─────┬─────┐
  │     │負債4│      │費用4│収益7│      │     │負債4│
  │資産10├─────┤  ⇒   │     ├─────┤  ⇒   │資産13├─────┤  純資産
  │     │資本金│      └─────┘             │     │資本金│   9
  │     │  6  │          │                │     │  6  │
  └─────┴─────┘          │                └─────┴─────┘
                          ↓                        ↑
                     純資産の増加 3
```

≪実務のポイント！≫
☑ 利益と資本は分けないといけない。
☑ P/L は B/S の間をつなぐ純資産（利益）の増減を表すものである。

5 収益と費用の意味 ―仕訳の法則③―

コラム4 実務で使う勘定科目

実務では，さまざまな勘定科目が登場します。特に簿記の勉強ではあまり見ない期中仕訳の科目の使い方は確認しておくとよいでしょう。第1章で確認した消費税の区分も合わせて確認しておきましょう。

区分	勘定科目	内　容	原則的な消費税の区分
資産	現金	お金や郵便小為替	対象外
	小口現金	少額小払いのために置いておく現金	対象外
	当座預金	銀行の当座預金の入出金を計上する科目	対象外
	普通預金	銀行の普通預金の入出金を計上する科目	対象外
	売掛金	掛売りをした際の代金請求権	対象外
	商品	在庫商品（繰越商品）	対象外
	貯蔵品	期末に未使用消耗品や販促物	対象外
	短期貸付金	貸付期間1年以内の貸付金（⇔長期貸付金）	対象外
	仮払金	内容不明や未確定な支出の仮計上	対象外
	立替金	一時的な立替え	対象外
	構築物	駐車場のアスファルト，看板など	課税
	車両運搬具	車やバイク	課税
	工具器具備品	パソコン等の事務用機器で高額なもの	課税
	ソフトウェア	10万円を超える高額なソフトウェア	課税
負債	買掛金	掛仕入をした際の代金の支払い義務	対象外
	短期借入金	借入期間1年以内の借入金（⇔長期借入金）	対象外
	未払金	経費などで支払っていないもの	対象外
	前受金	得意先からもらった商品などの手付金	対象外
	仮受金	内容不明や未確定な収入の仮計上	対象外
	預り金	源泉税や社会保険など他者から預かったもの	対象外
純資産	資本金	株主から受けた出資	対象外

区分	勘定科目	内容	原則的な消費税の区分
収益	売上高	会社の本業の収益（表示科目）	課税
	受取利息	預貯金や貸付金の利息	非課税
	雑収入	還付金など本業以外の収入	課税
費用	期首商品棚卸高	期首の在庫商品（表示科目）	対象外
	当期商品仕入高	商品代金や付随費用の支払い	課税
	期末商品棚卸高	期末の在庫商品（商品勘定と一致）	対象外
	役員報酬	取締役など役員に支払う報酬	対象外
	給与手当	従業員に対する給与	対象外
	雑給	アルバイトなどの給与など	対象外
	法定福利費	健康保険や労災などの公的保険の支払い	対象外
	福利厚生費	慶弔費や夜食代など福利厚生に関する支出	課税
	外注費	外部に委託した際の人件費	課税
	荷造運賃	商品等を運搬するための運送料など	課税
	広告宣伝費	看板やちらしなど宣伝や広告の費用	課税
	接待交際費	得意先を接待するための会食費や贈答品など	課税
	会議費	打ち合わせのための弁当や茶菓，飲食代	課税
	旅費交通費	電車やバス，タクシーなどの移動交通費	課税
	通信費	電話，インターネットの利用料，郵送料	課税
	消耗品費	備品の購入費用で少額のもの	課税
	賃借料	レンタルやリースなどの賃借料	課税
	保険料	生命保険，火災保険の保険料	非課税
	租税公課	印紙税や固定資産税などの税金	対象外
	雑費	他に当てはまらない少額の支出	課税
	支払利息	借入金の利息	非課税
	雑損失	現金過不足など本業以外の支出	対象外

※消費税の区分は内容によりこれに当てはまらない場合もあります。

6 仕訳入力はどこからでも —仕訳入力—

毎日の仕事の意味がわかってくると，仕事が楽しくなりませんか？
ケイコさんも仕訳についてわかってきたところで，日々の作業が楽しくなってきているようです。
あるとき，ふと疑問に思ったことがあります。

> さっき私が行っていた仕事は，各部署からもらった伝票をソフトに打ち込んでいたんですが，これは，簿記一巡の手続きの作業とは違うんでしょうか？

> いやいや，入力作業もちゃんと簿記一巡の手続きに則っているんだよ。もう一度確認してみようか？

簿記一巡の手続き

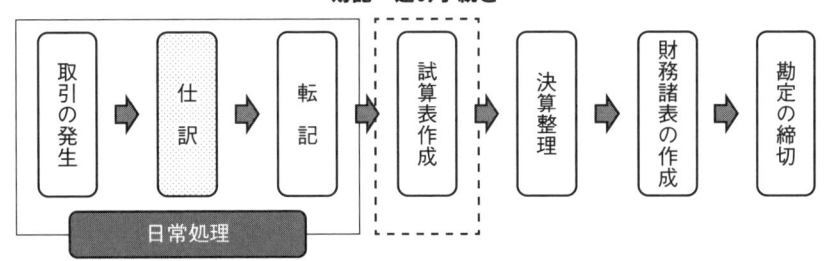

取引の発生 → 仕訳 → 転記 → 試算表作成 → 決算整理 → 財務諸表の作成 → 勘定の締切

（仕訳・転記：日常処理）

> このうち，**日常処理**の部分を日々行っているんですよね？
> 簿記の勉強と違って，実務では，**試算表**を確認のためその都度作るんですよね。

> そうそう，今は，仕訳を入力しているんだよね？

第2章　簿記一巡で会社の業務を理解しよう！

> はい。それはわかるんですが…伝票をいただきますよね？この画面は現金の仕訳を入力する画面ですが，伝票を入力する画面も別にあって，私は**仕訳帳**を作っているのか**伝票**を作っているのか，どっちなんだろうって…

> あはは，なるほど。簿記では，仕訳は**仕訳帳か伝票のどちらか**を作成するように教わるもんね（笑）
> ソフトでは，両方を使い分けてもいいし，出納帳などの補助簿からも入力できるし，手書きと違って自由が効くんだ。

会計ソフトは仕訳帳と伝票のいいとこ取りができる

　簿記一巡の手続きや帳簿組織の学習で，まず，**仕訳帳に仕訳**をし，**総勘定元帳に転記**をするという，手書き簿記を学習しました。仕訳帳は，下記のような「日付」「摘要」「元丁」「借方」「貸方」欄があり，摘要欄にカッコをつけて勘定科目を書き込んでいくノートのようなイメージの帳簿です。

仕　訳　帳

○年		摘　　　要	元丁	借　方	貸　方
○	○	（現　　金）	1	180,000	
		（売 上 高）	5		180,000
		現金で商品を売り上げた			
○	○	諸　口　　　　　（普通預金）			50,000
		（借 入 金）	2	48,000	
		（支払利息）	5	2,000	
		借入金と利息を支払った			
				230,000	230,000

　また，伝票は1枚の用紙に1仕訳ずつ書き込むことができるメモ帳のような冊子で，「**入金伝票**」「**出金伝票**」「**振替伝票**」を作成する**三伝票制**とこの3つに「**売上伝票**」「**仕入伝票**」を加えた**五伝票制**のいずれかで記帳します。仕訳帳を作成しない代わりに，伝票を作成し，集計することとされていました。

68

6 仕訳入力はどこからでも ―仕訳入力―

振　替　伝　票				承認印	承認印	会計印	係印
No. 130							
○年○月○日							

金　　額	借方科目	摘　　　要	貸方科目	金　　額
250,000	地代家賃	○○ビル　○月分事務所家賃	前払費用	250,000
8,000	前払費用	●×保険　火災保険料振替	保険料	8,000
258,000		合　　　　　　計		258,000

💬 どうしてどちらかじゃないとダメだったんですか？

💬 仕訳には「**網羅性**」が必要なんだ。つまり，発生した取引がすべて仕訳として網羅されていないといけないってことだね。手書きで帳簿を作っていた時代に仕訳帳と伝票でバラバラに仕訳していたとしたらどうなると思う？

💬 すべての仕訳がちゃんと書いてあるか，確認が難しいですね！

💬 そう，だからどちらの方法を使ってもいいけど，最終的に確認が取れるように1つにまとめようということなんだ。
それぞれに特性があるから，こういう場合は仕訳帳がいいけど，これは伝票がいい，といった場合があるけど，ソフトでは，**集計を勝手にしてくれる**からそういう自由が効くんだね。

第2章　簿記一巡で会社の業務を理解しよう！

会計ソフトを使った入力を見てみよう

それでは会計ソフトを使った入力画面を見てみましょう。

下記の画面は，**預金出納帳**を使った入力画面です。預金出納帳は，**貸借のいずれかの科目が「普通預金」**の取引ですから，仕訳を振替伝票で1つずつ入力するよりも，出納帳の機能で入力する方が，入力項目も少なく速いですね。

また，通帳と同じ金額の動きになるので，確認も取りやすいです。

#	日付 伝番 決	相手科目 補助科目 相手部門 社員	自科目 補助科目 自部門 期日	摘要 相手税区分　税表記 プロジェクト	入金 消費税 セグメント1　セグメント2	出金 消費税	残高 付箋 伝種
1	2015/12/01 0	水道光熱費	普通預金 あさひ銀行	事務所電気料金 仕課売(8%)　内税		58,000 4,296	3,959,300 預出
2	2015/12/08 0	福利厚生費	普通預金 あさひ銀行	制服購入費 仕課売(8%)　内税		80,000 5,925	3,879,300 預出
3	2015/12/10 0	預り金	普通預金 あさひ銀行	源泉税・住民税支払		350,000	3,529,300 預出
4	2015/12/25 0	給料手当	普通預金 あさひ銀行	12月分給与支給		1,580,000	1,949,300 預出
5	2015/12/28 0	売掛金	普通預金 あさひ銀行	11月分支払	24,650,000		26,599,300 預出

伝票入力は諸口がある仕訳をするのに便利

次に，伝票ですが，これは振替伝票の形式で見ていきましょう。

借方科目　補助科目 借方部門 借方税区分	借方金額 消費税 税表記	貸方科目　補助科目 貸方部門 貸方税区分	貸方金額 消費税 税表記	摘要 プロジェクト セグメント1　セグメント2	社員 期日
短期借入金	48,000	普通預金	50,000	借入金の支払	
支払利息	2,000			利息の支払	

手書きの場合とほぼ同じように，貸借のそれぞれの欄の科目と金額を埋めていきます。ほとんどのソフトが，伝票内の**貸借の金額が一致しないと仕訳の登録がされない**よう制御されているので便利です。諸口を用いた一仕訳が何行にもわたる場合には振替伝票を使うのが便利でしょう。

また，**伝票そのものをコピーする機能**などもあるので，コピー機能をうまく使って「売上伝票」や「仕入伝票」で売上や仕入を登録することもできます。

6 仕訳入力はどこからでも ―仕訳入力―

仕訳の意味を理解して,さらに**ソフトの特性**も覚えていくと,これらを使い分けてすばやく仕訳作業ができるようになるんだ。

ソフトになると便利なことが多いんですね!

≪実務のポイント!≫
☑会計ソフトでは,仕訳帳からも伝票からも入力ができる。それぞれの機能のメリットを理解し,使い分けることで入力のスピードもアップする!

第2章　簿記一巡で会社の業務を理解しよう！

コラム5　3つの伝票の使い方

　簿記の勉強では苦手にしていた人も多い伝票の作成。実務では，一般的な経理処理が会計ソフトに移行した現在でも紙の伝票を使うことがあります。

　実務ならではの伝票の使い方を見ていきましょう。

①領収書等の証憑がない出金のメモ

　香典やご祝儀などの**慶弔費**や**電車賃**など，**証憑のない支払い**がまれにあります。そういった支払いに関する証憑の代わりとして伝票を作成し，領収書などと一緒に保管します。慶弔費については，相手先がわかるように**会葬礼状**や**招待状**などを添付しておくとよいでしょう。

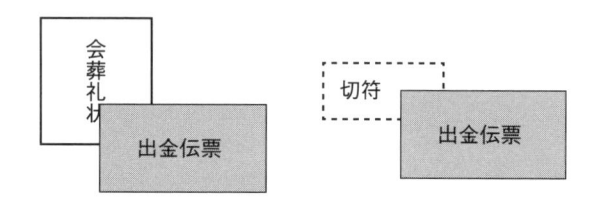

②決裁確認の回覧資料

　第1章でも触れたように，社員立替の経費などについて，**決裁権限者の確認**が取れていることを確認するための**回覧資料**として利用します。

　これは，会計ソフトによる経理を行っている場合でも，伝票データをプリントしたものを利用して行うこともあります。

部長	課長	申請者	係
山田	森	中野	林

　このように，仕訳入力しか行わないからといって，まったく必要でない知識とは言い切れないのが伝票の取扱いです。そのため，最低限3つの伝票の書き方を押さえておくとよいでしょう。

6 仕訳入力はどこからでも ―仕訳入力―

入金伝票・出金伝票

・形式は同じ。一般的に入金伝票は赤，出金伝票は青の用紙。

・現金の入金や出金があったときのみ，相手勘定を記入して使用する。

・3つの伝票の中でも，支払伝票が最も使用頻度が高い。

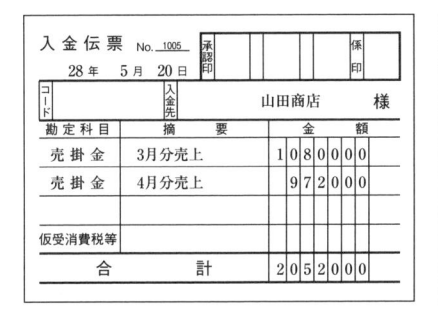

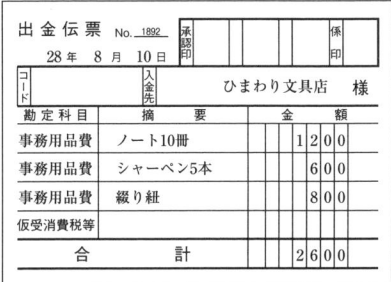

入金伝票 No. 1005	承認印		係印
28年 5月 20日			
コード	入金先	山田商店 様	
勘定科目	摘要	金額	
売掛金	3月分売上	1080000	
売掛金	4月分売上	972000	
仮受消費税等			
合計		2052000	

出金伝票 No. 1892	承認印		係印
28年 8月 10日			
コード	入金先	ひまわり文具店 様	
勘定科目	摘要	金額	
事務用品費	ノート10冊	1200	
事務用品費	シャーペン5本	600	
事務用品費	綴り紐	800	
仮受消費税等			
合計		2600	

振替伝票

・入金伝票，出金伝票よりも少し大きめのサイズ。

・借方と貸方にそれぞれ科目や金額を入れ，合計欄が一致していることを確認する。

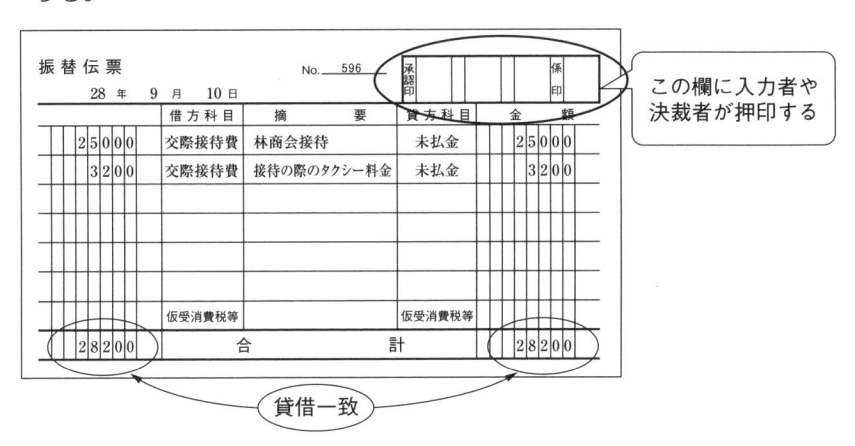

振替伝票		No. 596	承認印		係印	
28年 9月 10日						
	借方科目	摘要	貸方科目	金額		
25000	交際接待費	林商会接待	未払金	25000		
3200	交際接待費	接待の際のタクシー料金	未払金	3200		
	仮受消費税等		仮受消費税等			
28200		合計		28200		

この欄に入力者や決裁者が押印する

貸借一致

7 元帳は取引の分類簿
―転記と元帳の読み取り―

> ケイコさんの今日のお仕事は，銀行に行って小口現金の引出しをすることと普通預金の取引を預金通帳を見ながら入力していくことです。
> 前回教わったとおり，貸借の片方の科目が決まっている普通預金の取引は仕訳帳入力が便利です。でも，入力しながらあることを考えています。

「ケイコさん，あんまり画面を見すぎると目が悪くなるよ！」

「今，仕訳帳入力の画面で普通預金の内容を入力しているのですが，入力が合っているのか確認しようと思って上から順番に見ていたんです。」

「それじゃあ，効率も悪いし，本当に合っているか検証もできないよね。入力が合っているかは**元帳**を見ないと！」

「**総勘定元帳**のことですよね…どうやって見るんですか？」

実務では入力の確認のために使う総勘定元帳

　簿記の勉強では，仕訳を各科目の勘定に**転記**する方法を勉強しましたよね？　1の簿記一巡の手続きでも仕訳の次に行う作業として出てきます。しかし，会計ソフトを使った場合，仕訳入力を行えばソフトが**自動で転記**してくれるというのは前に学んだとおりです。では，**総勘定元帳はそもそも何に使うのか**，みなさんはご存知ですか？

7 元帳は取引の分類簿 ―転記と元帳の読み取り―

> ケイコさんは簿記の問題で**T勘定**を書いた集計ってしなかった？

> **残高試算表作成**の問題ですよね！ 仕訳を書いてそれをT勘定で集計して残高試算表を埋める問題で出てきました。

> そうそう，下のような問題だね。

> はい，ただ仕訳を書くよりも勘定科目ごとに**分類**ができているので，T勘定を書いた方が間違えないって教わりました。

次の資料に基づいて残高試算表を作成しなさい。

〔資料1〕 （A） 平成×8年2月28日現在の合計残高試算表

合計残高試算表

借方合計	勘定科目	貸方合計
54,540	現　金	540
5,000	売掛金	2,000
	資本金	3,000
	売　上	54,000
59,540		59,540

（B） 平成×8年3月1日から31日までの取引

　29日　仙台商店へ商品2,000を売り上げ，代金は掛とした

　ケイコさんが勉強したように，簿記の勉強では「**仕訳→転記→残高試算表作成**」の一連の流れを残高試算表作成の問題で出題されました。このときに転記を簡略化してメモする書き方が**T勘定**です。これは，総勘定元帳を簡略化した書き方です。

第2章　簿記一巡で会社の業務を理解しよう！

総勘定元帳

北海道株式会社
勘定科目：売掛金

1ページ
作成日：2015/12/11
期間：2015/12/01～2015/12/31

日付	決	相手科目	摘要		借方金額(税込)	貸方金額(税込)	残高(税込)
伝番	社員	相手補助	自補助科目	相手税区分 表記	消費税	消費税	付箋
伝種	期日	相手部門	自部門	自税区分 表記	プロジェクト	セグメント1	セグメント2
						繰越	300
2015/12/09		売上高	1月分		200		500
0				売課(8%) 内税			
振替							
2015/12/12		現金	12月分回収			400	100
0							
振替							
				合計 件数：2	200	400	100

売掛金

12/1	前繰	300	12/12	現金	400
12/9	売上	200			

簡略化

なぜ，簿記では簡略化したT勘定が必要なのでしょうか？

それは，**転記に時間がかかるから**です。簿記の問題は，素早く解かなければいけないことから，総勘定元帳をT勘定という形で簡略化して集計します。しかし，ソフトの入力の場合，**自動的に転記処理が行われている**のだから，そもそも**T勘定すら書かなくてよい**というわけです。簿記の問題と違い，実務では1つの勘定科目に分類される取引がたくさんあります。そのため，仕訳入力が正しくできているかを確認できる**元帳（総勘定元帳）の読み方**を押さえておくと，入力が正しいかどうか素早く確認できるのです。

> ケイコさんが入力してくれた普通預金のデータを元に，元帳の読み方を見ていくよ。

> 本当ですか？　実は，どこかが抜けているような気がしていたんです…

> それじゃあ，まず普通預金の元帳を見てみようか。

元帳の基本的な読み方

下記は，ケイコさんが仕訳入力を行った後の普通預金勘定の元帳の画面です。

日付	相手勘定	摘要	借方金額	貸方金額	残高
1.1		期首繰越			500,000
1.10	水道光熱費	12月電気料金支払い		15,000	485,000
1.15	仕入高	商品仕入		187,500	297,500
1.25	給与手当	給与支払い		150,000	147,500
1.31	売掛金	売上入金	1,000,000		1,147,500

> 普通預金勘定は「資産」の科目だから，**借方が＋で貸方が－**。元帳も仕訳と同じで科目ごとの正のポジションに応じて増減を見ていくんだ。

> たとえば，1月10日の「12月電気料金支払い」は貸方に金額が入っているから**資産のマイナス**で普通預金のマイナスを意味するということですね。それに合わせて，残高も減っていますね。

> 普通預金のマイナスとは，「お金が減った」ということだね。その原因は「**相手勘定**」を見ればいいわけだから，「水道光熱費」を支払って（その結果）お金が減ったということになる。

> 仕訳でいうと
> 「(借) 水道光熱費15,000/(貸) 普通預金15,000」
> 仕訳の読み取りは，T勘定で書く場合と同じですね。これで見ると…　確かに入力が漏れていますね…

どうやらケイコさんは，元帳を見て入力の漏れに気づいたようです。それはなぜでしょう？

第2章 簿記一巡で会社の業務を理解しよう！

答えは残高です！

貸借対照表科目から元帳を逆算で読む

　1月末の普通預金勘定の**正しい残高**は通帳を見れば一目でわかります。ケイコさんの入力した元帳の残高は1,147,500円，これに対し1月31日の通帳の預金残高は1,145,000円。したがって，ケイコさんの入力では2,500円普通預金が多くなっています。このように入力が正しいかどうかを判断する場合には，**貸借対照表勘定**に着目し，「**あるべき正しい残高**」から仕訳入力が正しいか正しくないかを，まず判断します。

> 水道料金の支払いが入力されていなかったみたいです。
> でも，普通預金のように残高の書いてある帳票があればいいですけど，そうじゃない科目もありますよね？

> 貸借対照表の勘定科目は，何らかの「**もの**」があるから必ず「あるべき正しい残高」があるんだ。
> たとえば，売掛金であれば取引先ごとに未回収の売上の**請求書**を集計すれば残高がわかるし，借入金なら**返済予定表**の残高があるし，固定資産も**固定資産台帳**を見ればわかるよね？

> 確かにそうですね。売掛金なら，うちの会社の場合には月末で締めて請求書を送って，翌月の末までに入金してもらうから，1月の売掛金の残高は1月の請求書の合計額になるんだ！

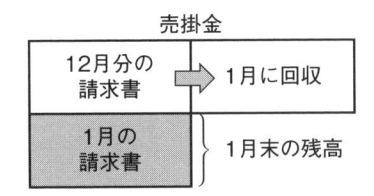

売掛金

| 12月分の請求書 | → 1月に回収 |
| 1月の請求書 | 1月末の残高 |

1月末の残高＝1月分の請求書の合計

78

そう。そして，**貸借一致の原則**があるから貸借対照表の残高が誤ってなければ損益は間違っていないことになる。だから，まずB/S科目の**残高を帳票で確定**させて，その金額と帳簿残高の**差額がどこにあるのか**を探っていくと，仕訳の誤りが見つけやすいんだ。

≪**実務のポイント！**≫
- ☑ 総勘定元帳は，正しい入力がされているのかを確認するツール。
- ☑ 入力を確認するには，元帳の残高と帳票を比較する。
- ☑ 仕訳のミスを見つける際は，正しいB/S残高を確定させ，差額を探っていく。

第2章　簿記一巡で会社の業務を理解しよう！

8 元帳で正しい残高に合わせてみよう
―元帳を使った修正―

入力データを残高に合わせるということを確認したケイコさん。
元帳の残高を，1つ1つ確認していくと，営業部でつけている売掛金の入金管理台帳と合っていないことに気がつきました。

> 先輩，売掛金の残高が15万円多いんです。元帳で15万円の取引を探しているのですが，なかなか見つからなくて。

> 見当はいいけど，一口に15万円といっても7万円と8万円の2つかもしれないし，100万円のマイナスと85万円のプラスの取引かもしれないよね。やみくもに探さないで順番どおり見ていこう。

> どういう順番で見たらいいんですか？

> 貸借対照表の科目は**発生と消去**がきちんと計上されているのかを見ていく必要があるんだ。

売掛金は発生と消去で管理する

　貸借対照表科目は翌期に残高が繰り越されます。そのため，計上した取引を「（残高として）**残すもの**」と「**消すもの**」に毎月の入力時に分けて確認していく必要があります。

　売掛金は通常，**請求書を発行したときに発生**し，**入金があれば消える**ことになります。やみくもに誤りを探すのではなく，発生した売掛金が残高として残すもの以外，すべて**入金処理**により消えているのかを確認していきます。

8　元帳で正しい残高に合わせてみよう　—元帳を使った修正—

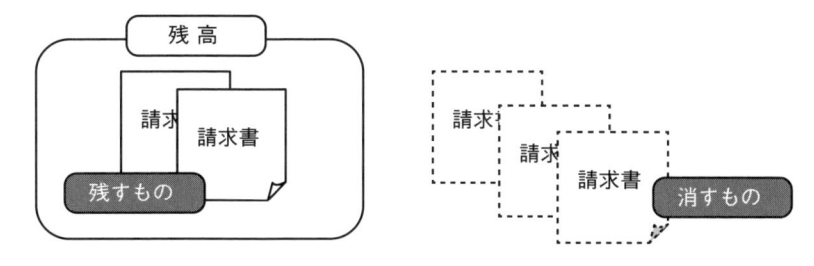

次の売掛金の元帳で確認してみましょう。

総勘定元帳

1ページ
作成日：2015/12/11

北海道株式会社
勘定科目：売掛金

期間：2015/07/01～2015/08/31

日付	決	相手科目	摘要	借方金額(税込)	貸方金額(税込)	残高(税込)
					繰越	1,500,000
2015/07/01		受取手形	掛代金回収 ㈲豊洲商事　No.62		1,000,000	500,000
2015/07/05		普通預金	掛代金回収 ㈱セタガヤ　No.58		200,000	300,000
2015/07/30		売上高	7月分売上　㈱豊洲商事　No.64	2,500,000		2,800,000
2015/07/31		売上高	7月分売上　㈱セタガヤ　No.65	250,000		3,050,000
2015/07/31		売上高	7月分売上 代田商事㈱ No.66	100,000		3,150,000
2015/07/31		現金掛	掛代金回収 ㈱阿佐ヶ谷物産 No.60		300,000	2,850,000
7月度			2015/07/01～2015/07/31　小計 件数：6	2,850,000	1,500,000	2,850,000
2015/08/09		受取手形	掛代金回収 ㈱豊洲商事　No.64		2,500,000	350,000
2015/08/15		普通預金	掛代金回収　セタガヤ㈱ No.65		200,000	150,000
2015/08/31		売上高	8月分売上　㈲豊洲商事　No.67	1,600,000		1,750,000
2015/08/31		売上高	8月分売上　㈱セタガヤ　No.68	200,000		1,950,000
8月度			2015/08/01～2015/08/31　小計 件数：4	1,800,000	2,700,000	1,950,000
			合計 件数：10	4,650,000	4,200,000	1,950,000

第2章　簿記一巡で会社の業務を理解しよう！

　売掛金の総勘定元帳には，このようにたくさんの取引が記録されるので，間違いを1つ1つ見ていくのはなかなか困難です。そこで，売掛金の元帳を次のような**4つの要素**に分解して，どこに誤りがあるのかを確認します。

≪売掛金勘定の4つの要素と確認順序≫

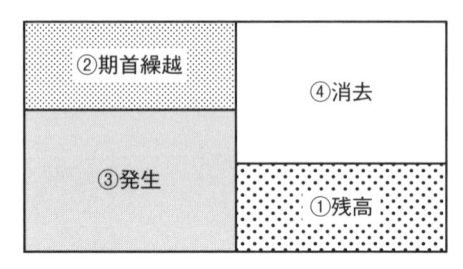

①残高が正しいか？
②期首繰越金額が正しいか？
③期中に発生した取引の金額が正しいか？
④期中に計上した取引のうち残高として残す取引以外が消えているか？

> 4つの要素のうち，まず一番初めに確認すべきなのが，**残高**。基準になるところの金額が確定しないと間違いが探せないからね。

> 7月分までの売掛金で8月末に回収できていないものはないはずだから，8月末の残高は豊洲商事の160万円，セタガヤの20万円の合計180万円です。

> 元帳の8月末の残高は195万円だから，ケイコさんのいうとおり15万円多いね。じゃあ，7月の期首繰越は？

> 7/1の繰越150万円の内訳は豊洲商事の100万円とセタガヤの20万円，それと阿佐ヶ谷物産の30万円です。6月末の入金管理台帳と合っていますね。

摘要欄の記載は丁寧に

　期首の繰越の金額が誤っていないことがわかったので，**③発生**と**④消去**を確

8 元帳で正しい残高に合わせてみよう —元帳を使った修正—

認します。

簿記の問題と違い，取引の数が多くなる実務の仕訳は，「**摘要欄**」の記載が重要です。摘要欄は，相手先や取引内容など，**元帳を確認する際にその内容が一目でわかるように**記載しなければなりません。特に売掛金などのB/S科目は，発生と消去の入力を分業で別の人が行う場合も多く，お互いがわかるように社内で**入力ルール**が決められているケースもあります。

> うちの会社では，現金や普通預金の出納関係の入力をする人と売上の計上する人は経理部署内でも異なりますね。

> そうだね。だから，うちの会社では売上の場合には請求書ごとに売上を入力して，必ず取引先名と請求書番号を入れることがルールになっているよ。

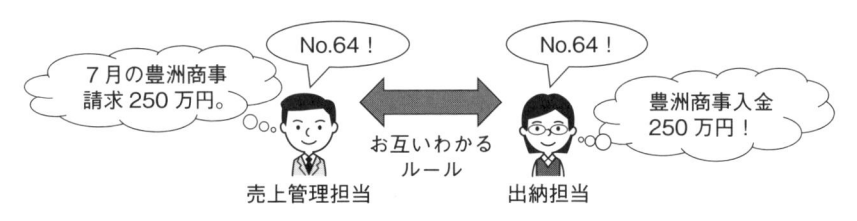

```
 7月の豊洲商事        No.64！              No.64！
 請求 250 万円。                                        豊洲商事入金
                                                      250 万円！
                            お互いわかる
                              ルール
          売上管理担当                   出納担当
```

> 7月も8月営業部の入金管理台帳のとおりで間違ってないです。

入金消込ってなんだ？

最後に入金を見ていきます。ところで，経理の現場では，売掛金の入金時の仕訳を「**入金消込**」といいます。「修正仕訳」，「誤計上」，「決算を締める」など，独特な経理用語が数多くありますが，経理の現場で一般的に使われているのに簿記の学習では出てこない言葉の代表例がこの「入金消込」です。仕訳でいうと「**(借) 現金／(貸) 売掛金**」や「**(借) 普通預金／(貸) 売掛金**」などを指します。入金の仕訳を入れることで，売掛金が相殺されて**ゼロになる**（消去され

る）という意味です。

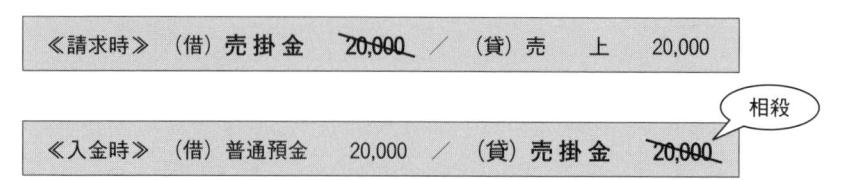

≪請求時≫（借）売　掛　金　~~20,000~~　／　（貸）売　　　上　　20,000

≪入金時≫（借）普通預金　20,000　／　（貸）売　掛　金　~~20,000~~　←相殺

　売上の計上が間違っていなければ，帳簿上で発生した売掛金がすべて消し込まれているかを確認します。

総勘定元帳

北海道株式会社　　　　　　　　　　　　　　　　　　　　　　　　　1ページ
勘定科目：売掛金　　　　　　　　　　　　　　　　　　　　作成日：2015/12/11
　　　　　　　　　　　　　　　　　　　　　　　　期間：2015/07/01～2015/08/31

日付	決	相手科目	摘要	借方金額(税込)	貸方金額(税込)	残高(税込)
					繰越	1,500,000
2015/07/01		受取手形	掛代金回収 ㈲豊洲商事 No.62		~~1,000,000~~	500,000
2015/07/05		普通預金	掛代金回収 ㈱セタガヤ No.58		~~200,000~~	300,000
2015/07/30		売上高	7月分売上 ㈲豊洲商事 No.64	2,500,000		2,800,000
2015/07/31		売上高	7月分売上 ㈱セタガヤ No.65	250,000		3,050,000
2015/07/31		売上高	7月分売上 代田商事㈱ No.66	100,000		3,150,000
2015/07/31		現金掛	代金回収 ㈱阿佐ヶ谷物産 No.60		~~300,000~~	2,850,000
7月度			2015/07/01～2015/07/31 小計 件数：6	2,850,000	1,500,000	2,850,000
2015/08/09		受取手形	掛代金回収 ㈲豊洲商事 No.64	?	2,500,000	350,000
2015/08/15		普通預金	掛代金回収 ㈱セタガヤ No.65		200,000	150,000
2015/08/31		売上高	8月分売上 ㈲豊洲商事 No.67	1,600,000		1,750,000
2015/08/31		売上高	8月分売上 ㈱セタガヤ No.68	200,000		1,950,000
8月度			2015/08/01～2015/08/31 小計 件数：4	1,800,000	2,700,000	1,950,000
			合計 件数：10	4,650,000	4,200,000	1,950,000

8 元帳で正しい残高に合わせてみよう ―元帳を使った修正―

> 7月の代田商事の消込が漏れてますね！　セタガヤの入金も20万円になってます！この2つの合計で15万円だったんですね。

≪**実務のポイント！**≫

☑ B/S 科目の入力間違いは，①残高，②繰越し，③計上，④消込の順に確認する。

第2章 簿記一巡で会社の業務を理解しよう！

第2章では，仕訳や転記，総勘定元帳の秘密など簿記の基礎を勉強しながら，実務面での取扱いを見ていきました。
実務では，簿記の勉強で習ったことの意味を理解して，入力の間違いがないかの判断にその知識を使うことが重要だということがわかりました。

第3章では，商品売買や現預金など，各勘定科目の細かい取扱いを見ていくよ！
第2章よりぐっと身近な取引がたくさんあるので，これまでどおり日々の業務を思い出しながら，簿記の勉強で学んだことも合わせて確認してね！

第3章

日常取引を見てみよう！

簿記の学習では商品売買や当座預金，手形の取扱いなどさまざまな日常取引を見てきましたよね。
ここでは，これらをもう一度実務の内容を見ながら学んでいきましょう！　簿記で勉強したものと同じ勘定科目でも，少しだけ使われ方が違ったり，実務特有の取扱いも多々あります。
簿記で勉強した内容を思い出しながら，異なるところを確認していきましょう。

第3章 日常取引を見てみよう！

1 簿記とは違う売上原価の算定
—三分法と売上原価—

ケイコさんの会社は，さまざまな食材を仕入れて，販売する商社です。
そのため，試算表を見ると簿記で見かけた「仕入」や「売上原価」という科目が並んでいます。簿記で学習した原価の計算を思い出してみます。
「原価の計算はシイクリクリシイ。これってなんだっけ？」

> 先輩，そういえば**売上原価**って商品の仕入のことでしたよね？

> うーん，近いけど…はずれ。シイクリクリシイの仕訳は覚えている？

> 私も今それを思い出したのですが，簿記の商品売買の論点は，すごく苦手な印象しかなくて，よく思い出せないんです。

> 簿記で学習する商品売買は分記法とか総記法とかいろいろあるけど，実務では**三分法だけ理解すればOK**だよ。これだけならそんなに難しい話じゃないからしっかり理解しようね。

実際には使われない分記法や総記法

　簿記の学習で苦手とする人が多いテーマの1つにこの**商品売買**があります。苦手とする理由の大半は「原価の計算の仕訳が何パターンかあって覚えられない」ということではないでしょうか？　しかし，**実務では三分法以外が使われることはほぼありません**。これは，さまざまな会計に関する指針や税務署や銀行などに提出する決算書のフォームが三分法に基づいて作られており，事実上これ以外の方法で決算書を作成することが認められていないからです。難しい分記法や総記法が苦手だった人は安心ですね！

1 簿記とは違う売上原価の算定 ―三分法と売上原価―

> **おさらい**
>
> （三分法）◯
> ・「売上」「仕入」「繰越商品」の３つの科目を使って仕訳する。
> ・売上（収益）と売上原価（費用）を別々に算定する。
>
> （分記法・総記法）✕
> ・「商品」のみ（総記法）又は「商品」と「商品売買益」の２つ（分記法）の科目を使って仕訳する。
> ・商品勘定（資産）の差額で利益を直接算定する。

売上と売上原価の関係性

実務での処理を見ていく前に，まずは三分法を復習していきましょう。

三分法とは，**売上**（収益）**仕入**（費用）**繰越商品**（資産）の３つの科目を使って仕訳をしていきます。期中取引は仕入と売上しか使いませんでしたよね？

| 商品販売時 | （借）売 掛 金 | 1,000 ／ （貸）売　　上 | 1,000 |

| 商品仕入時 | （借）仕　　入 | 800 ／ （貸）買 掛 金 | 800 |

> これは掛売上や掛仕入の場合ですね。現金で支払う場合や手形で決済する場合もあるけど，三分法では**売ったときと買ったときは別の科目**を用います。

> 三分法では，売上原価の算定を期末に決算整理仕訳を入れて行うんだよ。それがさっきのシイクリクリシイの仕訳ってわけ。

> 正確にはこんなかんじですよね？

第3章 日常取引を見てみよう！

| （借）仕　　　　入 | 300 | ／ | （貸）繰 越 商 品 | 300 |

| （借）繰 越 商 品 | 200 | ／ | （貸）仕　　　　入 | 200 |

この仕訳の意味は，最初のシイ（仕入）クリ（繰越商品）が**期首の棚卸資産を費用に振り替える仕訳**で，クリ（繰越商品）シイ（仕入）が**期末の棚卸資産を費用から抜く仕訳**だね。

そういえば，こういう**原価ボックス**を書いて売上原価を計算しました！

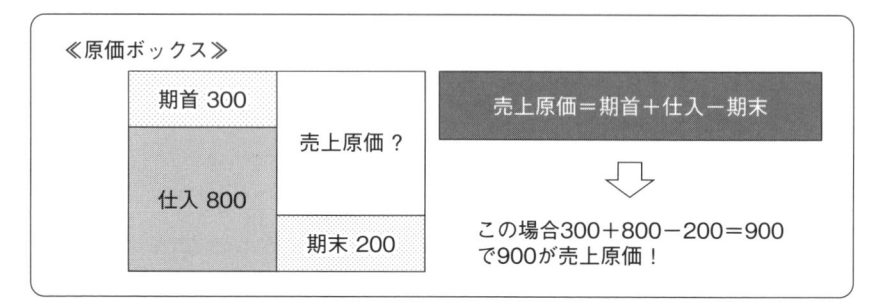

≪原価ボックス≫

期首 300	売上原価？
仕入 800	
	期末 200

売上原価＝期首＋仕入－期末

⇩

この場合300＋800－200＝900
で900が売上原価！

このボックスは仕入勘定の動きと同じになるんだよ！

仕入

買掛金 800	繰越商品 200
	期末残高＝売上原価
繰越商品 300	

ほんとだ！
仕入勘定と同じですね！

簿記の学習では「**仕入勘定を使って売上原価を算定する**」と教わったと思うよ！

1 簿記とは違う売上原価の算定 —三分法と売上原価—

簿記の勉強と異なる実務上の仕訳入力

簿記の学習では，上記の仕訳を行い，期首棚卸資産や期末棚卸資産の金額を一度「**仕入**」**勘定に集めて**，仕入勘定の残高として「売上原価」が算定されました。

しかし，損益計算書の表示上は，「**期首商品棚卸高**」「**当期商品仕入高**」「**期末商品棚卸高**」と分けて計上しなければなりません。そこで，実務では，上記仕訳を次のように**表示科目**に変更して仕訳します。

(借) 期首商品棚卸高	300	/	(貸) 商　品	300

(借) 商　品	200	/	(貸) 期末商品棚卸高	200

> 同じ振替仕訳なのにまったく違う仕訳みたいですね。

> 前に見た勘定科目と表示科目の違いだよ。「繰越商品」勘定は実務では一般的に使われず，表示科目の「商品」勘定をそのまま使うんだ。「期首商品棚卸高」と「期末商品棚卸高」は，下記のように損益計算書の科目だから注意してね。

損益計算書

期首商品棚卸高	300
当期商品仕入高	800
合計	1,100
期末商品棚卸高	200
売上原価	900

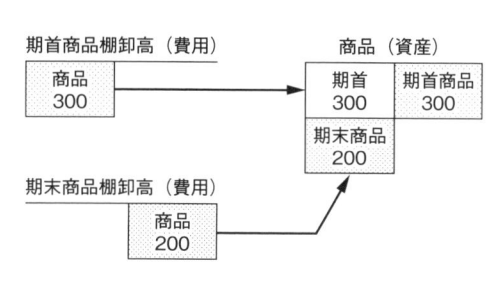

期首商品棚卸高（費用）
| 商品 300 |

期末商品棚卸高（費用）
| 商品 200 |

商品（資産）
| 期首 300 | 期首商品 300 |
| 期末商品 200 | |

≪実務のポイント！≫
☑ 売上原価の算定は三分法以外使わない。
☑ 実務では，「期首商品棚卸高」「期末商品棚卸高」「商品」といった表示科目を使って仕訳する。

第3章 日常取引を見てみよう！

② 売上原価って結局なんだっけ？
―売上原価と仕入諸掛―

> 簿記で習ったシイクリクリシイの仕訳の意味が理解できたケイコさんですが，売上原価という言葉の意味がまだまだ理解できません。
> なぜなら，「仕入」勘定には，先日運送屋さんに支払った商品の運賃も入っているし，関税も入っているのを発見したからです。

先輩，この前売上原価の算定の仕訳を教えてもらいましたけど，結局のところ「**売上原価**」ってなんでしょう？

売上原価とは，**商品の販売に直接要した費用**をいうよ。

売上原価は「売れた」商品の販売に直接要した費用

　りんごが1つあります。これを300円で買ってきて500円で売ったら200円の儲けが出ます。このときに，**購入代金である300円を「仕入」といい，販売代金である500円を「売上」**といいますよね。最も基本的な事業の形である商品販売業は，この「**仕入れて，利益を乗せて売る**」ということを繰り返します。1で見た「**三分法**」では，この売上と仕入の差額として「利益」が把握されます。

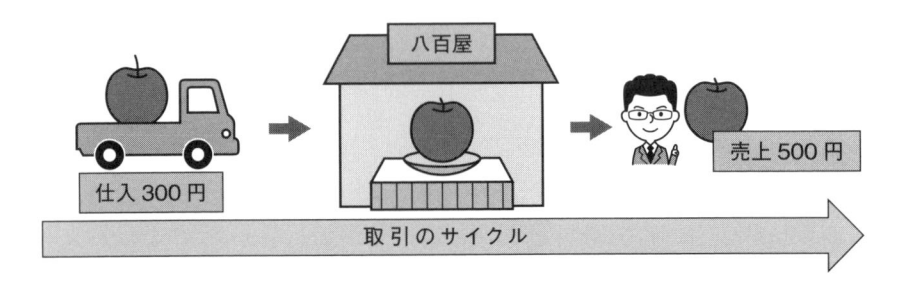

仕入300円 → 八百屋 → 売上500円

取引のサイクル

92

2 売上原価って結局なんだっけ？ ―売上原価と仕入諸掛―

この取引のサイクルが1回で完結していれば利益はすぐわかりますが、**一度にたくさんの仕入**を行わなければ効率が悪く大きな利益が見込まれません。

しかし、一度にたくさん仕入れると、**決算のときまでに売り切れないもの**が生じます。

> 上の図を見ると、一度にたくさん仕入れているから仕入は5,000円かかっているのに、3個しか売れてないから売上は1,500円しか計上されないですね。

> 売上1,500円に対して仕入5,000円だとなんだか儲かっていないように見えるよね？　では、上のこの取引って実際儲かっていると思う？

> **売れ残ったもの**があるから、正直わからないですね。売れ残ったものは、たまたま決算日で売れてなかっただけで、次の日になったら全部売れるかもしれないし。

> そのとおり。仕入の5,000円のうち**すでに売れている3個分の金額がいくらかがわからなければ**儲かっているかどうかわからないよね？　だから、この3個分の金額を出す必要があるんだ。

仮に1回で仕入れたりんごが25個だったとします。そうすると、5,000円÷25個＝200円となり、りんご1個当たり200円で仕入れたことになります。りんご3個分の購入代金は200円×3個＝600円となるから、（売上）1,500円－（仕入）600円＝900円となり、1個当たり300円の利益が出ていることがわかります。1個だけ仕入れたときよりも、儲けが増えていますね！

93

第3章 日常取引を見てみよう！

　このように，仕入代金のうち，売れたものに直接要した仕入代金を「売上原価」というのです。

いろいろ売るから原価ボックスを使って考える

　1で見たように，簿記では売上原価は「シイクリクリシイ」の仕訳を入れたり，原価ボックスを使って算定しました。こういったやり方をするのはなぜでしょう？

　八百屋さんを見ても，商品はりんごだけじゃなく，ニンジンやピーマン，大根，セロリ…とさまざまな商品を販売します。りんごだけでもたくさん買ってきてしまうと売上原価がわからなくなってしまうように，多種多様な商品を取り扱うと**商品1個当たりの売上原価を把握することが難しくなってきます**。そこで，原価ボックスを使って売上原価を算定するわけです。

原価ボックス

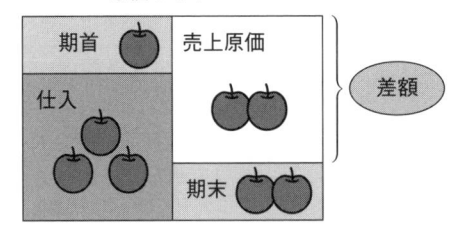

期首	売上原価
仕入	
	期末

差額

> りんごで見ていくと，前期に売れ残ったものが1個と仕入れたのが3個で手元にあるのは4個，期末の売れ残りが2個あるので，差額で売上原価になるのは2個とわかるわけですね。

> ちなみに，いちばん初めに見たように商品を1回売ったら，その都度利益を把握する方法が，ケイコさんの苦手とする**分記法**なんだ。

> 商品の数や種類が増えると，1回1回利益を計算することは難しそうですね！　だから，三分法しか実務では使わないのか！

2 売上原価って結局なんだっけ？ —売上原価と仕入諸掛—

> そういうこと。なお，この**売上から売上原価を引いた後の利益**を実務ではよく「**粗利**（あらり）」といういい方をするから，これも覚えておいてね。

どこから仕入れるかは「運賃」も大事

ところで，通信販売が盛んな今，欲しいものの価格をネットで数社比較して購入することがあります。このときに，「いちばん安い！」と探し当てたサイトで「購入」ボタンをクリックしようとした矢先に「**実は送料が別だった！**」ということがありませんか？ 同じことが商品の仕入にもいえるのです。

例えば，同じ商品を **1 個 50 円で販売する A 商店**と **1 個 60 円で販売する B 商店**があります。同じ商品ですから，A 商店から仕入れた方が利益は多くなるでしょう。しかし，この商品の仕入に係る**運賃**が A 商店は 1 個当たり 20 円，B 商店が 1 個当たり 5 円だとしたらどうでしょう？

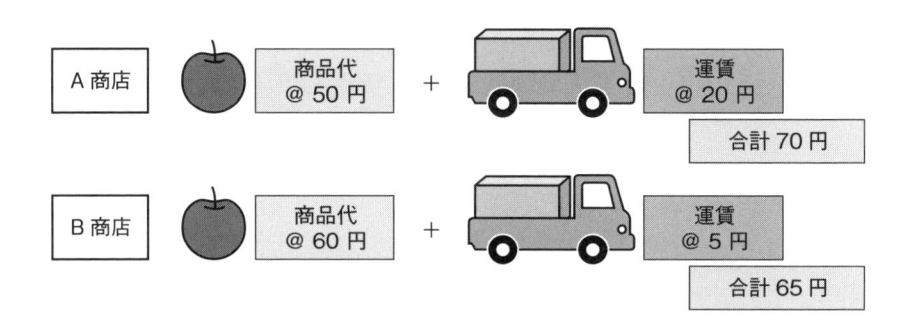

A 商店　🍎　商品代 @50円　＋　🚚　運賃 @20円　合計 70円

B 商店　🍎　商品代 @60円　＋　🚚　運賃 @5円　合計 65円

> あれ？ 運賃を入れるとB商品の方が1個当たりの金額が安くなります！

> そうなんだ。通販で買い物をするときと同じように，運賃などの**仕入のコスト**も計算しないと，本当に損なのか得なのかがわからないよね？

第 3 章　日常取引を見てみよう！

あ，だから**運賃が仕入勘定**に入っているんですね？
そういえば簿記でも勉強した気がします。

売上原価は売上に対するコストを正確に把握しなければならないから，仕入の運賃や輸入の際に支払う関税なんかも原価にいれて計算しないといけないんだ。
こういった，費用を「**付随費用（ふずいひよう）**」というよ。

≪実務のポイント！≫
☑仕入れたもののうち，売れたものだけに係る購入費用が「売上原価」。
☑売上から売上原価を引いたものを粗利という。
☑売上原価の金額は，運賃などの付随費用を含めて計算する。

3 いろいろな決済手段とその管理 ―決済手段と小切手―

営業先から戻った営業部の業田さんから，呼び止められたケイコさん。

取引先から回収した小切手をもらいました。

「先月の売上の入金分だから，よろしくね！」

簿記で勉強した小切手。なんだかちょっとドキドキしています。

> 営業の業田さんより**小切手**いただきました。小切手って初めて見ました！

> ははは，確かに簿記で勉強するもんね。うちの会社の取引先は古い会社が多いし，まだまだ小切手の決済は多いんだ。小切手の基本的なルールはわかるかな？

> **当座預金勘定**で処理するんですよね？

> それは，仕訳のルール。その前に小切手そのものの取扱いを見ていこう。

小切手とはいったいどんなもの？

　簿記の学習では，小切手を振り出す場合やもらった場合の仕訳処理などを学習しますが，小切手とはそもそもどんなものなのでしょうか？

　小切手は，**仕入代金などの決済手段**として用いられる**有価証券**です。決済金額が高額になると，現金の受渡しは危険が伴い不都合なケースが多くなります。そこで，代金のやり取りを手形交換所を介し証券で行うのです。

第3章　日常取引を見てみよう！

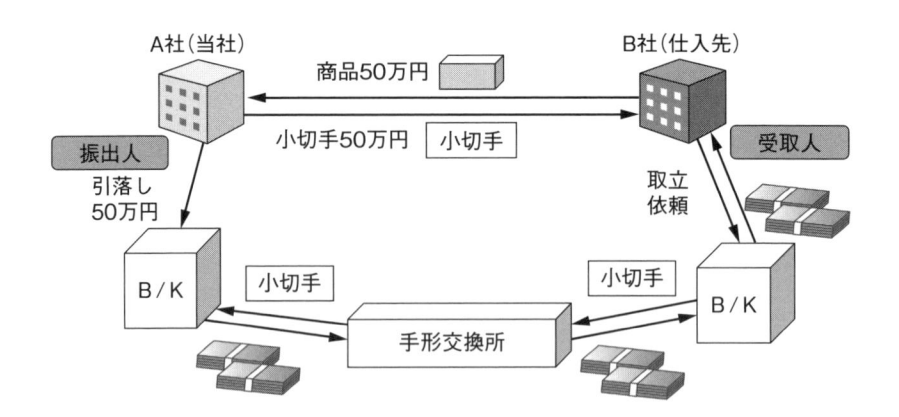

[図：小切手の流れ]

A社（当社）──商品50万円──B社（仕入先）
A社（当社）──小切手50万円──B社（仕入先）　小切手
振出人　　　　　　　　　　　　　　　　　受取人
引落し50万円　　　　　　　　　　　　　取立依頼
B/K ←小切手← 手形交換所 ←小切手← B/K

> 小切手は支払期限が定められてなく、**一覧払**（いちらんばらい）といって、小切手を提示すると銀行はその券面額を即日に支払ってくれるんだ。手形と違い、現金のような取扱いができるんだね。

> すぐに現金をもらえるのであれば確かにお金を持ち歩くよりも楽ですね。

> ただし、それは小切手の**発行元銀行と提示先銀行が同じ場合**だけなんだ。取引先の銀行がすべてうちの取引銀行と同じということはないから、通常は**手形交換所**というところに小切手を持ちより、銀行同士で代金の決済をした後で受取人の指定当座預金に振り込んでくれるという仕組みだよ。

　小切手は記載内容が定められており、当座預金を開設している銀行から**小切手帳**を発行してもらい、これに必要な内容を記載して振り出します。記載内容は次のとおりです。

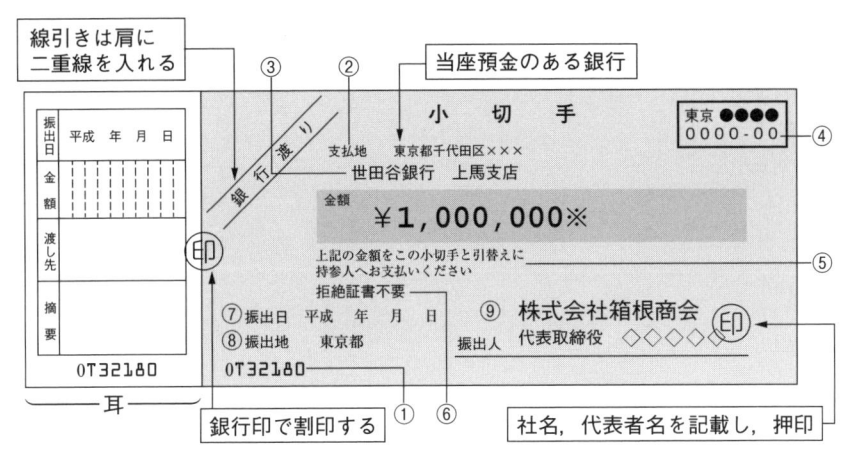

3　いろいろな決済手段とその管理　―決済手段と小切手―

小切手の記載内容
①小切手番号　②支払地　③支払人　④整理番号　⑤支払委託文句
⑥拒絶証明書不要　⑦振出日　⑧振出地　⑨振出人

≪小切手記載のルール≫

①　金額欄は，改ざんがされないよう，**チェックライター**もしくは**漢数字**で印字します。

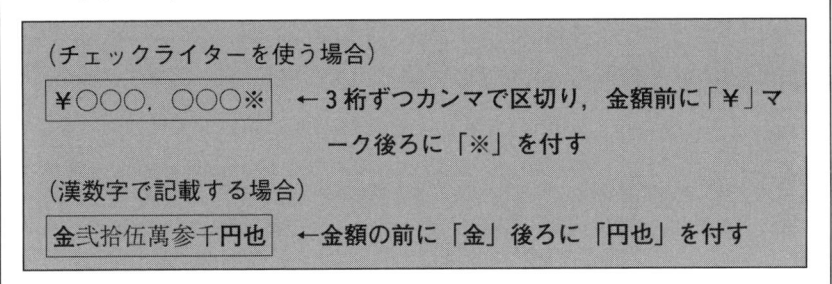

(チェックライターを使う場合)
¥○○○,○○○※　←3桁ずつカンマで区切り，金額前に「¥」マーク後ろに「※」を付す

(漢数字で記載する場合)
金弐拾伍萬参千円也　←金額の前に「金」後ろに「円也」を付す

②　用紙に**連番**が振ってあり，この番号で銀行が管理しています。どの番号を誰に発行したのか管理しておき，**書き損じがあっても破棄しないで**取っておきましょう。

③　肩に「**銀行渡り**」と書いた二重線を引くことで，**支払いを銀行振込みに指定**でき，盗難の防止になります。

第3章　日常取引を見てみよう！

> 小切手は，**受取人を指定できない**ので，小切手を銀行で提示した人にお金が支払われる仕組みなんだ。だから，紛失や改ざんがないように細心の注意を払う必要があるんだ。

> だから事細かにルールが決まっているんですね。ところでこの**耳**ってなんですか？

> これは，小切手を発行した相手先がわかるようにメモしておく欄なんだ。これをもとに**当座預金出納帳**を記載するよ。

> しっかり管理しておかないと盗まれたりしたときにわからないですものね。

> 小切手をもらったら**10日以内**に銀行に持ち込まないといけないことになっているから，忘れないでね。

小切手をもらった場合の仕訳処理

次に小切手をもらった場合の仕訳処理ですが，これは簿記で学習しましたよね？もう一度復習してみましょう。

≪売掛金を小切手で回収した場合≫

| （借）現　　金 | 1,000 | ／ | （貸）売　掛　金 | 1,000 |

> 小切手は**通貨代用証券**だから，受け取った場合は現金勘定でよかったですよね。

> そのとおり。正しい仕訳はね。ただし，実務では小切手をそのまま保管しておくことはなく，すぐに銀行で当座預金に預け入れてしまうから，下のように**当座預金勘定で直接仕訳**してしまうことがほとんどなんだ。

| （借）当　座　預　金 | 1,000 | ／ | （貸）売　掛　金 | 1,000 |

そのほかの決済手段と取扱い

現金と同じ取扱いをする通貨代用証券には，ほかにも下記のようなものがあることを学習しましたよね？　これらもそれぞれどういうものか確認していきましょう。

1　配当金領収書

配当金領収書とは，簡単にいうと「**配当金引換券**」です。会社は配当の支払いが決まると株主にこの配当金領収書を配ります。これを郵便局などの窓口に持っていくと配当金の支払いを受けることができるのです。しかし，今では口座振替が主流となっているので，ほとんど見かけることはないでしょう。

> 配当金領収書は，「確かに受け取りました」とサインをして引き渡す**配当金の受領書**の役目をしているよ。だから「領収書」なんだね。

2　郵便為替証書

郵便為替は，現金を直接渡せない人に，郵便局で発行してもらった為替を郵送するための証書です。小切手などの証券は郵便での送付が認められておらず，この郵便為替でしか送付できないこととなっています。料金が最初から決まっている「**定額小為替**」が有名ですよね。これも，口座振込の機能がある現代においては，利用頻度は少ないです。

3　利付債の利札

国債や社債といった**債券の利息の引換証**を**利札**といいます。**クーポン**というい方もします。現在は，証券自体がペーパーレス化されていることからなか

なか目にする機会はありません。

≪実務のポイント！≫
☑小切手は支払期日がなく，銀行に持ち込んだ人が現金を支払ってもらえる一覧払の取扱いができる。
☑改ざんされないように小切手を切るさまざまなルールが決まっている。
☑実務では受け取った小切手をそのまま「当座預金」勘定で処理することが多い。

4 通帳のない不思議な預金
―当座預金の管理―

「小切手の仕組みがわかったところで，当座預金の管理もしてみよう」
オサム先輩から指示されたケイコさん。
当座預金出納帳と一緒に，何かの明細が書かれた紙を渡されました。
「さあ，これから記帳していくよ！」オサム先輩ははりきっていいます。

> あの，先輩，この紙はいったいなんでしょう？

> これは「**当座勘定照合表**」といって，預金通帳のようなものだよ。当座預金は使用目的が限られているので，通帳がないんだ。じゃあ，まず当座預金の仕組みを見ていこうか。

信用第一，当座預金

　当座預金は，手形や小切手の決済のみに利用される口座です。決済にしか使われないので，**利息もつきません**。また，手形や小切手は証券であり，発行元に信用がないとただの紙切れと同じになってしまいます。そのため，これらの証券の原資となる資金を入金する当座預金は，その**決済責任を担うだけの経済的な信用があると銀行が判断した場合**にしか持つことができません。当座預金を開設するためには，銀行の厳密な審査があり，この審査がとおり**当座勘定取引契約**が結ばれて，口座が開設されます。

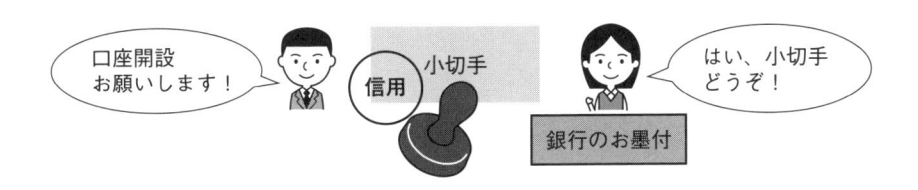

口座開設お願いします！　　信用　小切手　　はい、小切手どうぞ！　　銀行のお墨付

また，当座預金は，契約した極度額の範囲内で銀行が不足額を貸し付けて決済をしてくれる**当座貸越契約**を締結することもできます。

> 簿記でも勉強する「**当座借越**」ですね。銀行側（貸す側）の契約だから「当座貸越契約」になります。

通帳のない不思議な預金

当座預金には，普通預金のような預金通帳は作られず，その入出金は銀行から送付される「当座勘定照合表」で管理します。当座預金は，キャッシュカードも発行されず，お金を引き出す場合には**小切手を振り出して出金**します。

> 簿記でよく出てくる「自己振出小切手」は，自分で振り出してそのまま銀行で現金の支払いを受けるために使うんだ。

記帳と合わない銀行勘定調整表

ところで，当座預金勘定が減るタイミングはいつだったか覚えていますか？

簿記で勉強したように，当座預金勘定は**小切手を振り出した段階**でマイナスの仕訳を入れます。

（借）買　掛　金	1,000	（貸）当 座 預 金	1,000

ここで問題となるのが，**タイムラグ**です。

3でも確認したように，小切手は銀行に持ち込まれてから手形交換所での交換を経て，当座預金からの引き落としがかかるまでに数日を要することもあります。また，振り出した小切手を，相手が銀行に持ち込むまでに数日かかるケースもあります。

「当座勘定照合表」は，あくまでも**銀行内に開設された**自社の当座勘定の動きを記録するものですから，銀行に持ち込まれた**小切手が無事決済**されて初めて**記録**されます。

そのため，**帳簿の記録と，銀行の当座勘定内の動きは一致しない**のです。

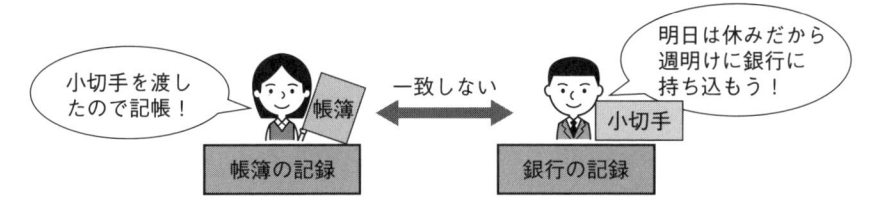

> 小切手を渡したので記帳！

> 一致しない

> 明日は休みだから週明けに銀行に持ち込もう！

帳簿の記録 ／ 銀行の記録

それでは，銀行が出す当座勘定照合表の残高と帳簿の残高，**どちらが正しいでしょう？**

> 銀行が出している残高なんだから，当座勘定照合表に合わせないといけない気がします。

> ほんとにそう？　これって，簿記で習ったとおりの処理だよ！

当座預金勘定の合わせ方

小切手の取引を前提とした際，当座勘定照合表の残高と当座預金出納帳に記帳する残高には必ずズレが生じます。この場合，正しい残高とは「**当座預金出納帳の残高をベースにした金額**」になります。

> 「ベースに」というのは，当座預金出納帳の残高そのままじゃダメってことですか？

> 当座預金出納帳は，あくまでも社内で把握している取引だけで記帳するよね？　だから，小切手を切ったり，現金を預け入れた取引は把握できるけど，**口座引き落とし**や**振込入金**など，**銀行だけが把握している取引**は，当座勘定照合表が来てみないと把握できないんだ。

> ということは，小切手を切った取引は切った日付で把握し，引き落としなどは，当座勘定照合表を見て書き足せばいいということなんですね？

105

第3章　日常取引を見てみよう！

　ケイコさんのいうとおり，記帳の際は**小切手の動きはそのまま把握し**，銀行の引き落とし等の取引は後から書き足すため，当座預金の残高は「**銀行が決済していない小切手の合計額**」だけ当座勘定照合表との誤差が出るのです。

　具体的に見ていきましょう。

　ケイコさんの記帳した当座預金勘定は以下のようになっています。

日付	決	相手科目	摘要	借方金額(税込)	貸方金額(税込)	残高(税込)
			繰越			200,000
2015/09/01		消耗品費	備品購入		50,000	150,000
2015/09/18		新聞図書費	購読料		2,000	148,000
2015/09/29		買掛金	市ヶ谷商店支払		20,000	128,000
2015/09/30		仕入高	飯田橋商店より仕入		50,000	78,000
			合計　件数：4		122,000	78,000

　当座勘定照合表は次のようになっています。

日付	摘要	小切手番号等	出金	入金	残高
					200,000
9.1		0T32180	50,000		150,000
9.10	振込		カ)タカナワ	150,000	300,000
9.15	振替		2,500	デンワリョウキン	297,500
9.18		0T32181	2,000		295,500
9.30		0T32183	50,000		245,500

> 市ヶ谷商店に振り出した20,000円の小切手は銀行ではまだ処理されてないですね。

> 簿記で習った「**未取付小切手**（みとりつけこぎって）」というやつだね。ただし，実務では「未取付」とか「未達」とかいう用語は使わないから，残高に対してプラスになるか，マイナスになるかだけ判断できれば大丈夫。

106

4 通帳のない不思議な預金 ―当座預金の管理―

> 振り出した小切手は、照合表に番号が記載されるんですね。だから、**小切手の耳**が必要だったんだ！

> そういうこと。当座預金の残高は、照合表にあるけど記帳されていないタカナワからの入金150,000円の＋と電話料金の支払い2,500円の－を書き足せばOKだね。

振替					
2015/09/29	買掛金	市ヶ谷商店支払		20,000	275,500
0					
振替					
2015/09/30	仕入高	飯田橋商店より仕入		0,000	225,500
0					
振替					
				,500	225,500

```
修正前    78,000
タカナワ  150,000
電話料金  △2,500
修正後   225,500
```

> プラスマイナスのやり方に慣れれば、簿記の勉強のように「**銀行勘定調整表**」を作らなくてもできそうですね！

≪実務のポイント！≫

☑ 当座預金には通帳がない。銀行から送付される「当座勘定照合表」を使って入力する。

☑ 照合表と帳簿では、差額が生じる。正しい残高の合わせ方を押さえておこう。

第3章 日常取引を見てみよう！

5 「ツケでお願い！」で会社を回す
―掛取引と資金繰り―

　ケイコさんの会社は，お店に商品を納品する「卸売り」という仕事をしています。毎回の納品時には納品伝票をつけて商品を発送し，月末にまとめて請求書を発行しています。
　今月はケイコさんが請求書を作ることになりました。

> 先輩，**請求書**はこれでいいですか？

> どうもありがとう。件数が多いから大変だったでしょ？

> 請求書もちゃんとした書き方があるんですね。これ，簿記で勉強した**掛取引**になるってことですよね？

> そうそう，うちのような卸売りの会社は掛売りが基本だから毎月作成するよ。請求書の基本的なフォームを確認しておこう。

請求書ってどんな書類？

　ケイコさんの会社のように商品の販売やサービスの提供について，代金の精算がその場で現金で行われない場合には，**請求書**を発行し，後日代金の支払いを受けます。
　請求書は，売上の都度発行したり，1カ月分の売上をまとめて発行したりさまざまです。
　請求書を発行する場合には，次のポイントに注意します。

108

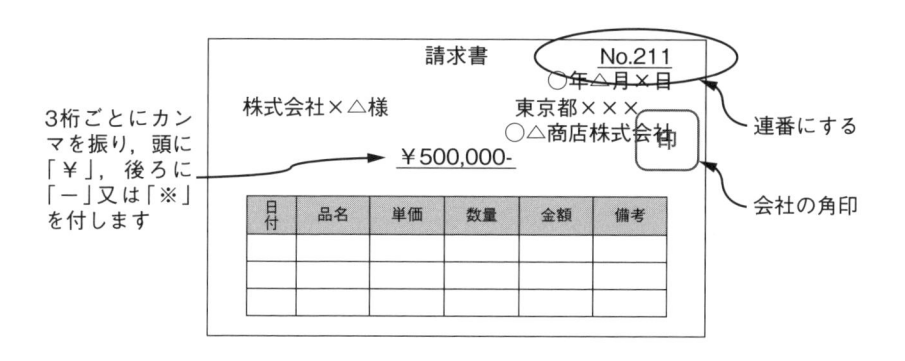

```
                請求書      No.211
                          ○年△月×日
     株式会社×△様    東京都×××
                   ○△商店株式会社
          ￥500,000-            印

     日付 品名 単価 数量 金額 備考
```

- 3桁ごとにカンマを振り，頭に「￥」，後ろに「-」又は「※」を付します
- 連番にする
- 会社の角印

請求書は特に決まったフォームはありませんが，上記の内容は注意しなければならないポイントです。また，「○日以内の振込」「振込手数料の負担」など，**支払条件**が決まっている場合には，明記しておくとよいでしょう。

> 同じような形式のもので**見積書**や**納品書**もあるけど，これらは証明書のようなものであって，代金の決済の書類ではないから，気をつけてね。

> 商品を渡してすぐにお金をもらわないで，1カ月も置いといたら，お金がもらえなくなってしまわないんですか？

> その心配は当然あるよ。掛取引は，相手がきっと払ってくれるという信用があるから成り立つことだから，**信用取引**なんていい方もするんだ。

掛取引は信用第一！

「これツケといて！」そんなセリフをテレビで見たことはないでしょうか？

この「ツケといて」は「**後で払うから帳簿につけといて**」の意味です。会計用語では，**掛取引**（かけとりひき）といいますね。簿記でも勉強した「売掛金」や「買掛金」の取引です。掛取引は，商品の引渡しがあっても，その代金回収がないことから，取引相手に対する**信頼関係**が鍵となります。そのため，**信用取引**といういい方もします。

第3章　日常取引を見てみよう！

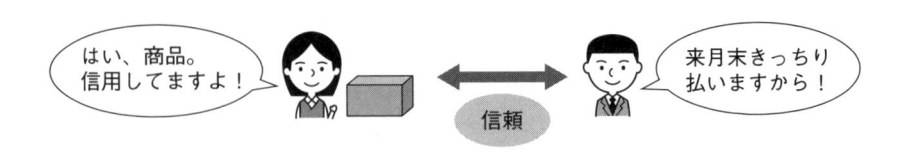

> はい、商品。信用してますよ！

> 信頼

> 来月末きっちり払いますから！

　会社は商品を販売しなければ売上が計上されません。しかし，その代金の回収がなければ，いくら帳簿上，利益が出ていても仕入代金や経費の支払いもできません。

　このように，利益が上がっているのに，債権が多く，支払いができずに会社がつぶれてしまうことを「**黒字倒産**」といういい方をすることもあります。

　そのため，掛取引においては，**適正な入金サイト**で回収されているかどうかの管理は重要な仕事です。

> 簿記では，「**売掛金元帳**」や「**買掛金元帳**」を勉強しましたが，入金に漏れがないように**取引先ごとに**元帳で管理しなければなりませんね。

売掛金元帳
商店 A

平成28年		摘要	借方	貸方	借/貸	差引残高
9	1	前月繰越	25,000		借	25,000
	3	入金		12,500	〃	12,500
	10	売上	35,000		〃	47,500
	15	返品		1,200	〃	46,300
	30	次月繰越		46,300		
			60,000	60,000		
10	1	前月繰越	46,300		借	46,300

> ソフトでは**補助科目**を振って管理しているんだったよね。だから「売掛金」や「買掛金」の**補助元帳**がこれと同じ役目をしているんだ。

5 「ツケでお願い！」で会社を回す 　—掛取引と資金繰り—

補助元帳

北海道株式会社
勘定科目：売掛金　補助科目：A商店

1ページ
作成日：2016/11/14
期間：2016/10/01～2016/11/30

日付	決	相手科目	摘要		借方金額(税込)	貸方金額(税込)	残高(税込)
伝番	社員	相手補助	自補助科目	相手税区分　表記	消費税	消費税	付箋
伝種	期日	相手部門	自部門	自税区分　表記	プロジェクト	セグメント1	セグメント2
						繰越	0
2016/10/4		売上高	売上		5,000		5,000
0			A商店	売課（8%）内税			
振替							
2016/10/4		売上高	返品			500	4,500
0			A商店	売課（8%）内税			
振替							
2016/10/5		現金	入金			3,000	1,500
0			A商店				
振替							
				合計　件数：3	5,000	3,500	1,500
			A商店				

> ところで，なんで現金ですぐにもらわないんですか？　相手を信用しているのはわかるんですが，すぐもらった方が心配がないですよね？

> ケイコさんはクレジットカードを使ってる？　カードと同じで**その場ですぐに支払わないことに**，いろいろな**メリット**があるからなんだ。

そもそもなんですぐに払わないのか？

　ケイコさんのいうように，代金をその場ですぐにもらえれば，余計な心配をしなくて済みます（後述の「**貸倒れ**」という心配事ですね）。しかし，代金をすぐにもらえないことで，**相手にとっては**，さまざまなメリットがあります。そのいちばんのメリットが「**資金繰り**」です。

　私たちが普段買い物をする際にも，「あれが欲しいけど，今は買えないな」というときがありますよね？　そんなときにクレジットカードがあれば，今手許にお金がなくても支払いを先に延ばすことができます。その間に収入があれば，期限までにちゃんと支払いができるのです。

111

第3章 日常取引を見てみよう！

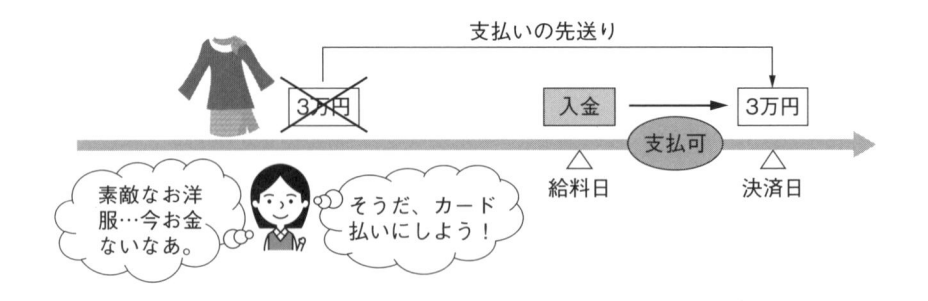

素敵なお洋服…今お金ないなあ。

そうだ、カード払いにしよう！

支払いの先送り

3万円 → 入金 → 支払可 → 3万円
　　　　　　△給料日　　　　△決済日

会社も同じように，代金をすぐに支払わなくても商品が手元にあれば，掛けで買ったものを売れるよね。その売上で掛代金を支払うというのを繰り返していけば，お金は回るよね？だから，**手許にあるお金以上の取引**をすることが可能になるんだ。

掛仕入 → 販売 → 掛支払 → 掛仕入　ぐるぐる回り繰り返す…

≪実務のポイント！≫
☑請求書の基本的な書き方の決まりに加え，自社の取扱いのルールを押さえよう。
☑掛取引はお互いの信用で行っている。
☑回収もれがないよう，適正な入金サイトで入金があるのか確認しよう。

コラム6　請求書や領収書の書き方

　経理の新人さんの初めの仕事として，請求書や領収書の作成を任されることが多いです。ここでは，もう少し，これらの書き方を確認してみましょう。

①請求書の書き方

　請求書は，**一回の独立した取引**について発行する場合と**継続した取引**について，発行する場合があります。ここでは，継続した取引について発行される請求書を見ていきます。

請求書

○年4月30日締切分　　No.　15212

株式会社×△様
東京都千代田区○○
　×××様

東京都港区○○
○○商事株式会社

前月までの未入金を加えて請求

前回御請求金額	御入金額	繰越金額	御請求額(税抜)	消費税額	御買上額	今回ご請求額
32,500	5,000	27,500	2,801	224	3,025	30,525

伝票日付	伝票No.	品番・品名	数量	単価	御買上額
28.4.1	5	ポイロット マーカー KK11	15	135.00	2,025.00
28.4.28	9	ダブルクリップ 大 500	1	1000.00	1,000.00
28.4.30		振込 入金			5,000
		【税込売上合計】			3,025
		【内消費税等 8.00%】			224

継続契約の場合，通常1カ月の取引についてまとめて請求書を発行します。商品の納品時には，**「納品書」**を別途発行します。請求書は，計算期間内に発行された納品書の内容をまとめた形で発行されます。上記の請求書では2回の納品をまとめたものであることがわかります。

　また，請求金額欄には，この請求書の取引だけではなく，前月の売掛金のデータも記載します。支払いが滞っていれば，請求金額は**前月までの未入金分に当月の請求金額を加えた金額**になります。

　この請求書が届いたときに，請求金額でそのまま買掛金を計上してしまうと，**繰越分が二重計上**になってしまうので注意が必要です。

　支払いを銀行振込で行った場合には，銀行で発行される振込明細をもって領収書とすることができるので，慣例的に**領収書の発行が省略**されます。これもおさえておきましょう。

②領収書の書き方

　次に領収書についてみていきましょう。領収書は，代金を**現金や小切手などで受け取った場合**に発行します。口座振込は，通帳に履歴が残りますが，これらの決済手段の入金では**入金の事実が残らない**ため，当事者間で誤解がないように領収書が発行されます。

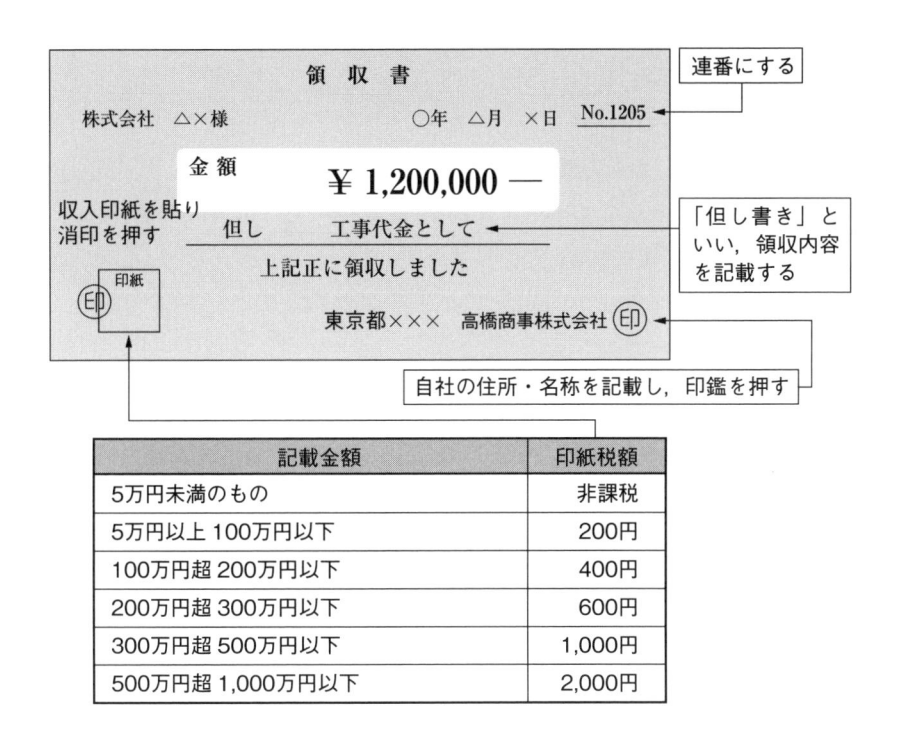

5 「ツケでお願い！」で会社を回す ―掛取引と資金繰り―

領収書

株式会社 △×様　　　○年 △月 ×日　No.1205 ← 連番にする

金額　￥1,200,000 —

収入印紙を貼り消印を押す

但し　工事代金として ← 「但し書き」といい、領収内容を記載する

上記正に領収しました

東京都×××　高橋商事株式会社 印

自社の住所・名称を記載し、印鑑を押す

記載金額	印紙税額
5万円未満のもの	非課税
5万円以上 100万円以下	200円
100万円超 200万円以下	400円
200万円超 300万円以下	600円
300万円超 500万円以下	1,000円
500万円超 1,000万円以下	2,000円

　請求書の書き方に関する注意点は，上の図のとおりです。請求書と違い，**収入印紙**の添付が必要なことにも注意しましょう。

6 管理が難しい手形の仕組み —手形の取扱い—

ケイコさんの会社では，数件だけ手形で決済する会社があります。
「今はほとんど使われないんですよ」
簿記の先生がおっしゃっていたことを思い出しました。
「でも実際に使われているのね…」

> 先輩，当座預金を見ていたら，小田原商事の**手形が決済**されていました。

> あそこは，支払いのサイトが長いからね。古くからのお客さんだから，たしか4カ月くらいじゃなかったかな？

> そんなに長いんですか？ 手形ってなかなかお金にならないんですね。そもそも，振込ですぐに払える時代に手形が必要なんですか？

> 会社が支払いのサイトを変えるのは大変なことなんだ。だから，今後もまだまだ手形はなくならないと思うよ。

手形とはどういうもの？

簿記で勉強しても，なかなか見る機会がないといわれているのが，この手形の取引です。

手形には**約束手形**と**為替手形**の2種類があります。約束手形は手形の振出人が手形の期日に**名宛人**（受取人）に記載された金額を支払うことを受取人に約束した証書です。

6 管理が難しい手形の仕組み —手形の取扱い—

≪約束手形≫

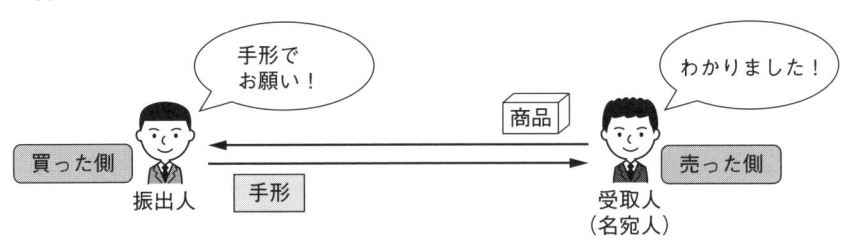

買った側 振出人 →手形→ 受取人（名宛人） **売った側**
「手形でお願い！」 「わかりました！」 商品

商品代金の支払いに関する「約束」だから，商品を買った側が「**支払手形**」，売った側が「**受取手形**」で処理するよ。掛取引と同じでシンプルなやりとりだよね。

約束手形は簡単な印象があります。でも，簿記では**為替手形**の問題が難しかったな…

為替手形は実務においてはほとんど見ることがないんだ。だから，忘れてしまっても大丈夫だよ。それじゃあ，手形の形式を見てみようか。

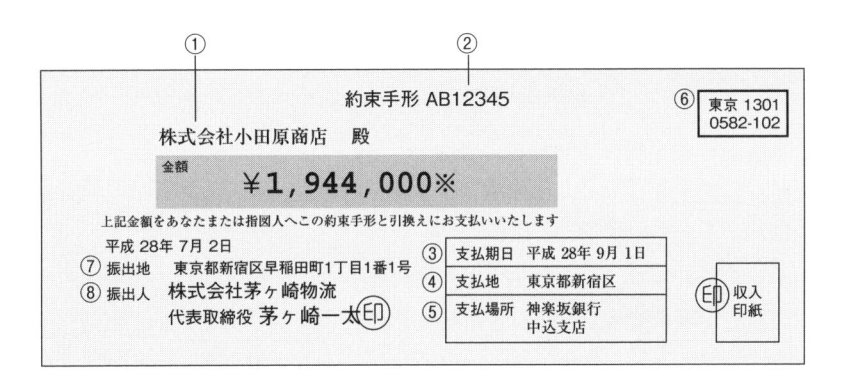

---

① 株式会社小田原商店　殿
② 約束手形 AB12345
⑥ 東京 1301　0582-102

金額　**¥1,944,000※**

上記金額をあなたまたは指図人へこの約束手形と引換えにお支払いいたします

平成 28年 7月 2日
⑦ 振出地　東京都新宿区早稲田町1丁目1番1号
⑧ 振出人　株式会社茅ヶ崎物流
　　　　　代表取締役 茅ヶ崎一太㊞

③ 支払期日　平成 28年 9月 1日
④ 支払地　東京都新宿区
⑤ 支払場所　神楽坂銀行　中込支店

㊞ 収入印紙

小切手の記載内容
①手形受取人（名宛人）　②手形番号　③支払期日　④支払地
⑤支払場所　⑥手形交換所名　⑦振出地　⑧振出人

手形は，小切手と同様に，銀行と「**当座勘定取引契約**」を締結し，**手形の発行**を受け，初めて振り出すことができます。小切手帳と同様に手形の原紙部分と内容をメモする「**耳**」がミシン目でつながっています。

　小切手との違いは，**受取人や支払期日を指定できる**ことです。小切手が口座内にある資金を即時に引き出して支払う**デビットカード**だとすると，手形は，指定された日付に口座内の資金を引き出して支払う**クレジットカード**に当たります。

　また，手形の額面に応じて**収入印紙**を貼らなければならないことも注意が必要です。

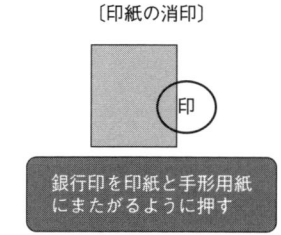

〔印紙の消印〕

印

銀行印を印紙と手形用紙にまたがるように押す

〔印紙の金額〕

記載金額		印紙税額
10万円未満のもの		非課税
10万円以上	100万円以下のもの	200円
100万円を超え	200万円以下のもの	400円
200万円を超え	300万円以下のもの	600円
300万円を超え	500万円以下のもの	1,000円
500万円を超え	1,000万円以下のもの	2,000円

信用力が試される手形取引

　取引の決済方法が口座振替中心になってきた今，なぜ，いまだに手形が使われているのでしょうか？　その理由は，掛取引のところでも出てきた**資金繰り**の問題があるからです。

　手形の決済期間は，1カ月から4カ月程度です。口約束だけの掛取引に比べ，銀行の厳しい**与信審査**に通り，手形を切ることができるのは，いわば，**ステイタス**です。この銀行の後ろ盾があるからこそ，4カ月もの先の支払いが**保証**されるのです。そのステイタスが使える会社ほど，手形を利用したくなる，というわけです。

　資金繰りを考えると，**支払いはなるべく後回し**にしておいた方が，手許に運転資金として動かせるお金は残ります。

6 管理が難しい手形の仕組み ―手形の取扱い―

〔手形の期日が3カ月後である場合〕

(入金)	売上入金	売上入金	売上入金
(出金)			手形決済

手許で使えるお金が増える

しかし，こうした銀行の信用力を元に，支払期限を延ばしている手形ですから，決済ができなかった時の**ペナルティー**も大きいです。

当座預金の資金不足などで手形が決済できなかった状態を「**不渡り**」といい，この状態が**6カ月以内に2度**続くと銀行はその会社を**銀行取引停止処分**とします。

銀行取引停止処分
・手形，小切手の使用不可
・借入金等の引上げ
・債務がある場合は口座の凍結

この情報は，瞬く間に拡散され，**信用力は低下**します。こうなると，取引を引き上げる取引先も多数出てきてしまい，**事実上の倒産**となってしまいます。メリットが大きい反面，その信用力に傷がついてしまったら取返しのつかないことになってしまうのです。

> では，反対に手形を受け取った場合は，どう処理する？

> 「**受取手形記入帳**」を作成するんですよね！

> 手形をもらったら，取立てまでは保管しておかなければならないから，管理は大切。件数が多い場合には「受取手形記入帳」を実務でもつけているところは多いよ。

第3章 日常取引を見てみよう！

> 裏書や割引もあるから，つけておかないとわからないですものね。

手形をもらった場合の管理

　手形をもらった場合には，支払期日まで保管しておき，**支払期日から3営業日以内の支払呈示期間**中に，銀行に取立てを依頼しなければなりません。

　簿記でも習ったように，下記のような「**受取手形記入帳**」を作成し，管理します。

受取手形記入帳

平成28年		手形種類	手形番号	摘要	支払人	振出人または裏書人	振出日		満期日		支払場所	手形金額	てん末		
							月	日	月	日			月	日	摘要
6	1	約手	18	売上	A社	A社	6	1	8	31	C銀行	5,000	8	31	入金
7	15	約手	29	売掛金	E社	B社	7	2	10	31	D銀行	10,000			

　また，期日までの期間の前に資金が必要な場合には銀行に持ち込み**割引**を受けることや支払いに充てるために**裏書譲渡**することも可能です。これらの取引は，「**手形の売却**」といういい方をします。特に手形の割引は，銀行で手形を担保にお金を借りるのと同様の効果があることから，割引には**金利負担**が発生します。それぞれ，以下のように仕訳します。

割引時：（借）当 座 預 金	495,000	／	（貸）受 取 手 形	500,000
手形売却損	5,000			

裏書時：（借）買　　掛　　金	300,000	／	（貸）受 取 手 形	300,000

6　管理が難しい手形の仕組み　―手形の取扱い―

割引は，仕訳上，銀行に手形を売ったって考えるんだ。だから，金利部分だけど，「**手形売却損**」という科目を使うんだ。

≪実務のポイント！≫
- ☑実務では，約束手形しか使われない。
- ☑手形の記載にはさまざまなルールがある。小切手と違い，印紙も必要。
- ☑6カ月のうち2度決済ができないと銀行取引停止処分となる。
- ☑資金が足りないときは，手形の裏書や割引を行うことができる。

第3章 日常取引を見てみよう！

7 細かい経費はいつ払う？ ―社員立替と小口現金―

> ケイコさんの仕事に，社員立替の精算のチェックがあります。
> 営業部や広報部などは外回りが多く，交通費の立替えなどがあるからです。
> 「交通費や日々の細々とした支払いは小口現金で支払うんじゃないの？」
> ここでも簿記で学んだことと少し違うみたいです。

経費精算の締めは今日だったね。もう来てる？

はい。ところで，先輩。うちの会社では**小口現金**って使われていないんですか？

地方の営業所とか，一部ではまだ使われているけど，今は**社員立替**の方が多いかな。

社員立替の処理って，簿記で勉強しなかったもので…

会社にお金を置いておくべきか？

　簿記の勉強では，営業職の社員の交通費や切手や印紙，文房具，会議用のお茶など，日々の細々とした支払いは，**小口現金**による支払いを行うことを学習しました。

　しかし，小口現金は会社内に現金を置いておかなければならず，防犯上の理由などから敬遠されることが増えてきました。

　そこで，これらの費用が発生した場合には，社員が一時的に立て替えておき，1カ月ごとに明細を作成し，給料の支払いと一緒に精算を受ける「**社員立替**」の方法が一般的になってきています。

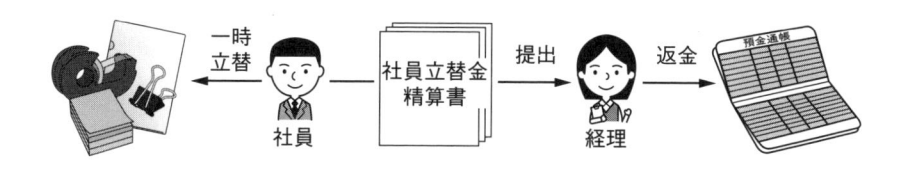

7 細かい経費はいつ払う？ ―社員立替と小口現金―

社員立替の仕訳処理

　ケイコさんの会社では，立替えがある社員から月末で締めてまとめた「社員立替金精算書」を受け取ると，それぞれの科目の金額を集計し，月末の日付で次のような仕訳をして計上しています。

(借) 旅費交通費	1,500	(貸) 未　払　金	3,800
消　耗　品　費	300	（社員未払金）	
会　議　費	2,000		

　仕訳は，小口現金の仕訳に近いですね。

　仕訳に決まりがないから，立替えが少ない会社では，添付されている領収書の日付で，明細行のとおりに入力することもあるみたいだよ。

　そうか。**社内のルール**を確認しないといけないんですね。

　不正がないように**領収書の金額と内容**はしっかり確認してね。それから，上司に許可を得ているか，**押印**も確認ね！

第3章 日常取引を見てみよう！

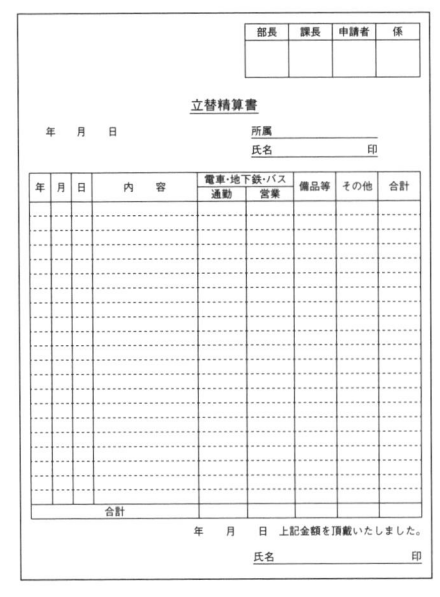

[立替精算書のフォーム図]

> 経費の精算書は，決まったフォームがないので，会社ごとにオリジナルで作成する場合が多いよ。
> 押印欄を設けて，上司などの許可をもらうことが大事なんだ。

> 精算は，金額がわかる**領収書を添付して提出**します。電車賃などは，領収書がなくても乗車区間などを明記しておきましょう。

営業所などで使われる小口現金

　本社とは離れた場所に営業所がある場合などは，営業所内に**出納担当者**を置き，小口現金のシステムを採用することがあります。

　運送屋への支払いや急な慶弔費の支払いなど，現金が必要な場面もまれにあり，本社と違ってすぐに資金を引き出すことができない事情があるからです。

　営業所などには，経理に関する専門性のある社員がいないことも多く，出納担当者は，現金の入出金と，それに関する領収書などの保管のみを行い，記帳作業は本社の経理で行うケースも多いです。

> 小口現金での経費の精算には，簿記で勉強した**定額資金前渡制度**(ていがくしきんまえわたしせいど)を使うよ。

> **インプレスト・システム**というやつですね。

7 細かい経費はいつ払う？ ―社員立替と小口現金―

〔定額資金前渡制度（インプレスト・システム）〕

例）5万円の現金を用意する場合

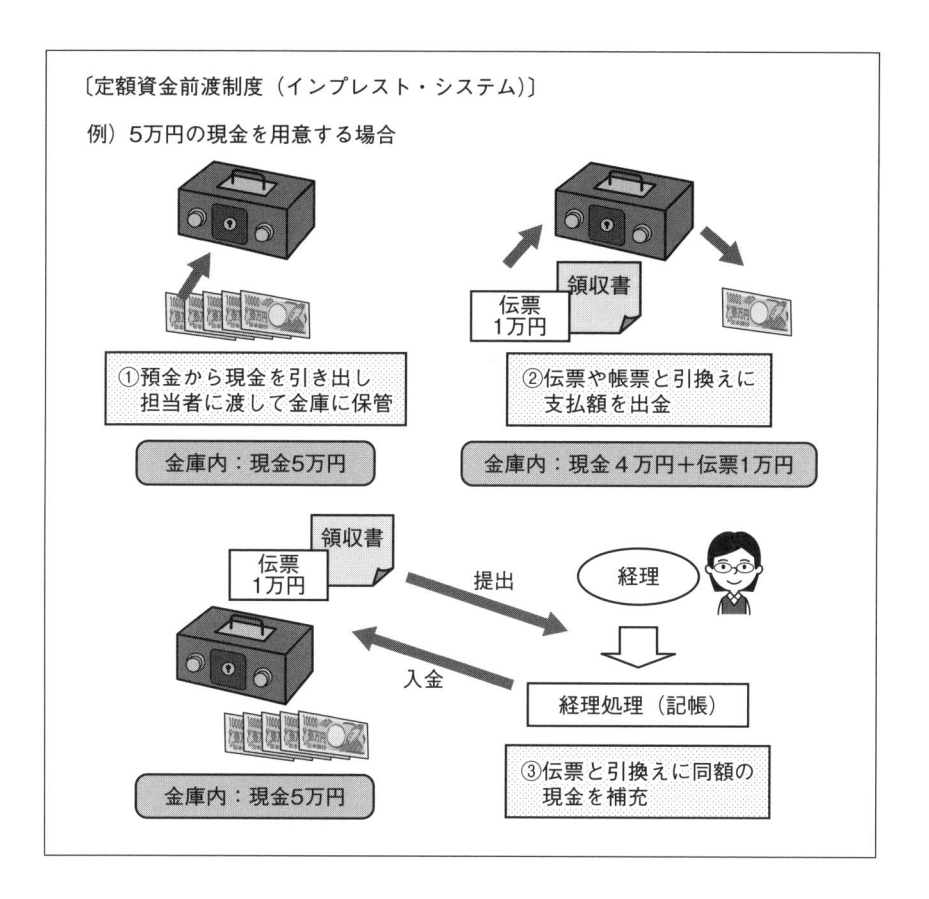

①預金から現金を引き出し担当者に渡して金庫に保管

金庫内：現金5万円

②伝票や帳票と引換えに支払額を出金

金庫内：現金4万円＋伝票1万円

伝票1万円　領収書　提出　経理

入金　経理処理（記帳）

③伝票と引換えに同額の現金を補充

金庫内：現金5万円

> 経理の仕訳は，伝票を集計して行えばいいですね。

> もちろん，簿記の勉強と同じように，出納担当が「**小口現金出納帳**」をつける場合もあるよ。経理は報告を受けた分の経費を計上し，同額で補充の仕訳をすればよかったよね。

報告時：	(借) 消耗品費	8,000	(貸) 小口現金	10,000
	荷造運賃	2,000		
補充時：	(借) 小口現金	10,000	(貸) 現金預金	10,000

125

> どちらの方法で精算するにしても，経理は帳票の確認をしっかりやらないといけませんね。

> そうだね。それから，現金を扱う場合には，**現金過不足**（げんきんかぶそく）にも注意しないとね。めんどうでも定期的に現金の実査をすることは大事だよ。

≪実務のポイント！≫
- ☑社員の経費の立替えは，社員立替で精算することが一般的。精算書をもらったら，該当する領収書が添付されているか，上司の印鑑が押されているのかをチェックする。
- ☑小口現金を利用する場合の処理は簿記と同じ。現金過不足に注意する。

8 お金が帳簿と合わない？！
―現金出納帳と現金過不足―

現金の管理方法を聞いたケイコさん。
さっそく現金管理の出納係に任命されました。
そこで，営業所の小口現金出納帳と本社の現金出納帳をつけてみることにしました。

> 7/10　文房具の購入1,500円，7/15　電話料金3,200円，7/20　豊洲商会売掛金回収20,000円…

> **現金出納帳**だね。どう？　そんなに難しくないでしょ？

> はい。簿記で勉強しました。子供のときにつけていた**おこづかい帳**みたいですね。

> そうだね，出納帳の記入自体は難しくないけど，毎日きちんと記帳していかないと，金庫の現金と合わなくなってしまうからね。

現金出納帳の記載ルール

　現金出納帳は，次のようなシンプルな帳簿です。ケイコさんのいうとおり，子供のときにつけた**おこづかい帳**や**家計簿**などとあまり変わりがありません。

　入出金があったら，**その日のうちに記載**し，残高と金庫内の現金を合わせておきましょう。現金に限らず，帳簿の残高が合っているかを実際に数えて調べることを「**実査**」といいます。また，現金の出金を行う際は，その出金内容に関する**領収書や伝票**と引換えに出金し，記録を残しておきましょう。

第3章　日常取引を見てみよう！

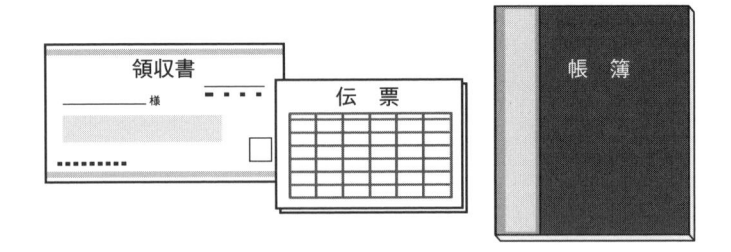

現金出納帳を書いてみよう

それでは，具体的に現金出納帳の書き方を見てみましょう。

現金出納帳

平成〇年		摘要	収入	支出	残高
7	1	**前月繰越**	① 20,000		20,000
	8	預金引出し	50,000		70,000
	10	文房具購入		1,500	68,500
	15	電話料金支払い		3,200	65,300
	20	豊洲商会売掛金回収	20,000		85,300
	31	次月繰越		② 85,300	
		③	90,000	90,000	一致！
8	1	**前月繰越**	85,300		85,300

> 月の初めは「前月繰越」と書いて，前月残高を**「収入」欄に記載（①）**します。月末の締め方がポイントでしたよね？

> 月末は，「次月繰越」と書いて，残高を**「支出」欄に記載（②）**するよ。これで，正確に記帳ができれば，**「収入」欄と「支出」欄の合計金額が一致（③）**するんだ。一致したら，二重線で締めて，翌月へ繰り越すよ。

あれ？　現金が合わない…

現金出納帳を書き終えたケイコさんは，さっそく手提げ金庫の中の現金を数

えてみます。帳簿の残高は 85,300 円，でも 85,000 円しか入っていないようです。

> あれ，おかしいな？

> どう？　帳簿とあった？

> いえ，帳簿は 85,300 円だけど，実査するとお金は 85,000 円しかないみたいです（汗）

　現金を実査したときに，帳簿の残高と金庫内の現金が合わないケースがあります。これは，次のいずれかの理由が考えられます。

① 帳簿の誤記入，記帳漏れなどの理由で記帳が間違っている。
② 現金がなくなってしまった。

　この場合，帳簿残高と金庫内の現金の**どちらに**合わせて**会計処理**すべきでしょう？

> 記帳は間違ってないと思うんです…

> そうだね。でも，帳簿は「**事実**」を記録していかなければいけないんだ。実際に 85,000 円しかお金がなかったら 85,000 円が現金残高になるのが「**事実**」だよね。

> はい。でも，300 円はどうしたらいいんですか？

> ケイコさんは簿記で「**現金過不足**」の処理を教わらなかった？

違っていたら，現金に合わせる

帳簿残高と金庫内の現金が合っていない場合には，その差額を「**現金過不足**」勘定で仕訳をし，**帳簿と金庫内の現金を一致**させます。帳簿残高が85,300円なのに対し，現金は85,000円です。帳簿の方が300円多いので，現金を300円減らす仕訳を切ります。

| 帳簿＞金庫のとき：（借）現金過不足　　300　／　（貸）現　　金　　300 |

> 帳簿上はこのように現金過不足勘定で調整して，現金勘定を金庫内の現金に合わせるよ。現金出納帳も「**過不足金**」があることを記帳して残高を同様に合わせておこう。

> 現金が多い場合には，現金を増やすので，仕訳が逆になりますね。

| 帳簿＜金庫のとき：（借）現　　金　　300　／　（貸）現金過不足　　300 |

> 原因がわかったら，現金過不足を**該当する科目に振り替える**よ。300円の不足原因が，消耗品の領収書が1枚漏れていたことだとしたら，次のように相殺されるよ。

| 消耗品費の振替：（借）消 耗 品 費　　300　／　（貸）現金過不足　　300 |

```
         現金過不足
  現  金  300  │  消耗品費  300
```

> T勘定で見るとわかるように，これで相殺されているね。

わからなければ雑損失か雑収入

現金の調査は，**わかるまで行わなければなりません**。しかし，期末になっても不明のままでは帳簿が締められません。そこで，期末の段階で現金過不足の

残高が残っている場合には、**雑損失**又は**雑収入**に振り替えます。たとえば、先ほどの 300 円の不足の原因がわからなかったとします。現金が少なかった原因がわからなかったんだから「雑損失」です。

| 現金が少ないとき：(借) 雑 損 失　　300　／　(貸) 現金過不足　　300 |

反対に現金が多ければ、多い理由がわからないのだから「雑収入」です。

| 現金が多いとき：(借) 現金過不足　　300　／　(貸) 雑 収 入　　300 |

> 「現金過不足」はあくまでも仮に計上しておく科目だから、**期末には必ず0(ゼロ)にすること**。

> 難しいようですけど、簿記で習ったことと同じですね。

> でも、「雑損失」や「雑収入」に振り替えるのはあくまでも**最終手段**。現金の過不足は**不正の原因にもなりやすいところ**だから、毎日しっかり数えてきちんと合わせておくことが大事だよ。

≪実務のポイント！≫
- ☑ 現金出納帳は、現金の実査をし、帳簿の残高と合わせておく。
- ☑ 残高が合わないときは一時的に「現金過不足」で帳簿の差額を金庫内の現金に合わせる。
- ☑ 現金過不足の原因が期末までわからないときは「雑損失」か「雑収入」で振り替え、現金過不足勘定を 0 にする。でも、これは最終手段と考えておくこと！

9 いろんな性格の債権・債務
―債権・債務の取扱い―

試算表を眺めていると「未収金」「未払金」…

「セットになっているみたい。おもしろい」並んだ勘定科目を見ながらケイコさんは思いました。そのほかにも「前払金」「前受金」「貸付金」「借入金」，さまざまな組み合わせがあることを発見しました。

> ケイコさん，試算表見ながらなにニコニコしてるの？

> 「未収金」と「未払金」とか，資産と負債は必ずセットになっているんですね。こうしてみると面白いなと思って。

> 債権と債務は裏表の関係だからね。それぞれの使い方は覚えている？？

> だいたいはわかるんですが…正確にといわれると…

債権と債務の分類

試算表のうち，貸借対照表の科目を見ると，資産と負債にそれぞれ同じような対の科目がたくさん出てきます。

勘定科目		
繰延資産合計		
前渡金		
立替金	7,
未収入金		
短期貸付金		
仮払金		
仮払消費税等	226,
他流動資産合計	235,

対の科目

勘定科目	前月	借方
買掛金	137,290	
仕入債務合計	137,290	
短期借入金	0	
未払金	0	
預り金	1,485,657	
前受金	0	
仮受消費税等	20,465,731	
他流動負債合計	21,951,388	
流動負債合計	22,068,678	
固定負債合計	0	

9 いろんな性格の債権・債務 ―債権・債務の取扱い―

これらを「**債権**」や「**債務**」といいます。

「債権」とは，**何らかの行為を請求できる権利**，「債務」は**何らかの行為を行う義務**です。

前に学習した「**受取手形**」や「**支払手形**」も「債権」や「債務」です。

> 「受取手形」は，あとでお金をもらうことを約束した証券。「支払手形」はその逆で，あとでお金を払うことを約束した証券だね。

このうち，特に「**お金**」を請求できる権利，義務を「**金銭債権**」や「**金銭債務**」といいます。

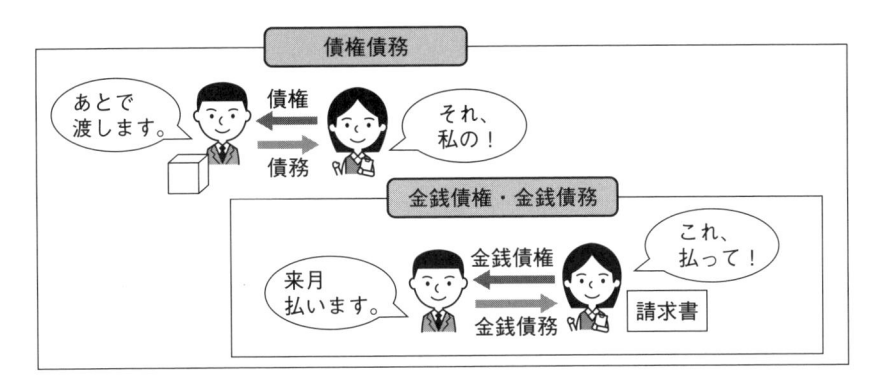

```
┌─────────────── 債権債務 ───────────────┐
│                                              │
│  あとで    債権  →    それ、                  │
│  渡します。  ←  債務   私の！                  │
│                                              │
│         ┌─── 金銭債権・金銭債務 ───┐         │
│         │                              │    │
│  来月   │  金銭債権 →    これ、       │    │
│  払います。│  ← 金銭債務    払って！      │    │
│         │                    請求書    │    │
│         └──────────────────────────┘    │
└──────────────────────────────────────┘
```

> 金銭債権や金銭債務も「債権・債務」の一部なんですね。

> そうなんだ。さらに，金銭債権・金銭債務のうち，特に売上に関する債権を「**売上債権**」ということもあるよ。

> 「売掛金」や「買掛金」，「受取手形」や「支払手形」のことですね。

> それじゃあ，まず「未収金」と「未払金」から見ていこうか。

「あとで払うわ」の未払金と未収金

掛取引を行う場合には代金の支払いを後回し（ツケにする）ことができましたよね？

未払金も同様に「あとで払うわ！」を意味します。それでは、「買掛金」との違いはなんでしょう？

答えは売上債権に該当するかどうか。つまり、相手勘定が「売上」だったり「仕入」だったりするものが「売掛金」「買掛金」、そうじゃないものが**「未収金」「未払金」**です。

掛仕入れの場合：（借）仕　　　　入　　50,000　／　（貸）買　掛　金　　50,000

それ以外の場合：（借）消　耗　品　費　12,000　／　（貸）未　払　金　　12,000

> 上の仕訳は、消耗品をまとめて発注したような場合などが該当するよ。

> 未収金は、売上以外の未入金をいうんですよね。

> そうそう。固定資産を売却して、その代金が未回収だったときなんかに使うよ。

掛売上の場合：（借）売　掛　金　　30,000　／　（貸）売　　　　上　　30,000

それ以外の場合：（借）未　収　金　　75,000　／　（貸）車　両　運　搬　具　60,000 　　　　　　　　　　　　　　　　　　　　　　　　　固定資産売却益　　15,000

> 「未収金」は、「未収入金」という科目を使う場合もあるから注意！
> それから、後で出てくる**経過勘定**に、「未払費用」と「未収収益」っていうのがあるから、その違いにも注意してね。

> この前，分割払いで買ったコピー機の残債も「未払金」ですね。

お金の貸し借り，貸付金，借入金

会社の運営資金は，株主から調達した**資本金**が中心です。しかし，会社の取引量が増えてくるとそれだけでは資金が間に合わなくなります。そこで，**銀行**などからお金を借りて経費の支払いに充てます。こうして借りてきたお金は「**借入金**」勘定で計上します。

借入時：(借) 普 通 預 金　　600,000　　／　　(貸) 借　入　金　　600,000

> 借入金は，返済期間に応じて，「**短期借入金**」と「**長期借入金**」に分けて管理するよ。返済期限が1年以内かどうかで決まるんだ。

> 銀行でお金を借りたときは，契約書で**返済期限**を確認しないといけませんね。

> そうだね。**印紙**などの税金や**保証料**などの手数料が差し引かれて振り込まれていることもあるから，契約書は必ず確認してね。

> 返済するときは，利息がかかりますね。

> そう。銀行借入の場合，預金口座から引き落とされる金額は，利息を含んだ金額だから，「**返済予定表**」で元本の返済分と利息の金額を確認して計上するよ。

第3章 日常取引を見てみよう！

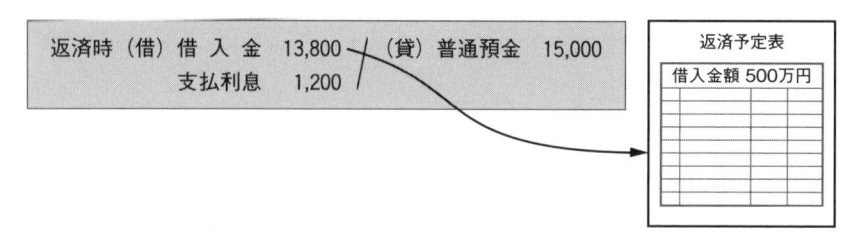

返済時：(借) 借 入 金　13,800	(貸) 普 通 預 金　15,000
支払利息　　 1,200	

返済予定表
借入金額 500万円

反対に、会社がお金を貸す場合には、「**貸付金**」勘定で処理します。

会社がお金を貸すのは、「取引先」や「従業員」、「役員」など、借入金と違って金融機関ではありません。そのため、返済方法や利息の金額は、お互いに取り決めておいた金額で計上します。

貸付時：(借) 貸 付 金　　700,000	(貸) 普 通 預 金　　700,000

回収時：(借) 普 通 預 金　　32,500	(貸) 貸 付 金　　　30,000
	受 取 利 息　　2,500

> 「**支払利息**」はお金を払うから費用勘定、「**受取利息**」はお金をもらうから収益勘定になるよ。

「これ、予約ね」の前渡金、前受金

これまで見た金銭債権・金銭債務とは少し違った債権・債務が、「**前渡金**」と「**前受金**」です。

「**手付金**」という言葉を聞いたことはないでしょうか？ 商品の購入代金を先に支払っておく場合に使うものですよね？ この**手付金を払った場合**が「**前渡金**」、**もらった場合**が「**前受金**」です。

> そういえばこの前、どうしても欲しいオーダーメイドのジュエリーがあって、注文をしたら「半分を手付金で入金してください」っていわれました。

9 いろんな性格の債権・債務 ―債権・債務の取扱い―

> 受注生産の場合などは，発注されてからキャンセルになると材料代が無駄になってしまうよね？ だから，相手が本当に買う**意思**があるかどうかが重要なんだ。その意思を確かめるために手付金を受注時に受け取ることがあるんだ。

　このように，手付の制度は，**相手方の購入意思**を確認するために使われます。また，新規の取引先などの**信用情報**（支払能力があるかどうか）が不明な場合も手付を入れる場合がありますし，不動産の売買のように，**商慣行**で行われる場合もあります。

　手付金は，「**物品の給付請求権**」という権利です。「お金払ったんだから，必ず商品くださいね！」ってことです。したがって，主張する権利は「**商品**」ですから，「前渡金」や「前受金」は金銭債権や金銭債務に該当しません。これは，後から出てくる貸倒引当金の算定に影響があるので覚えておきましょう。それぞれの仕訳は，こうなります。

〔手付金を払った場合〕

```
支払時：（借）前　渡　金　200,000 ／（貸）現　　　金　200,000
仕入時：（借）仕　　　入　400,000 ／（貸）前　渡　金　200,000
                                      現　　　金　200,000
```

〔手付金をもらった場合〕

```
入金時：（借）現　　　金　400,000 ／（貸）前　受　金　400,000
売上時：（借）前　受　金　400,000 ／（貸）売　　　上　800,000
              現　　　金　400,000
```

≪実務のポイント！≫
- ☑ お金の請求に関する権利・義務は「金銭債権」「金銭債務」といい，「未収金」や「未払金」,「貸付金」「借入金」が該当する。
- ☑ 「前渡金」「前受金」は物品の給付請求権。手付金のやりとりを表す。

第3章 日常取引を見てみよう！

10 お給料の秘密の内訳　―給与の計上①―

今日は待ちに待った給料日。
「会社帰りのショッピングはどこに行こう？」
なんて，考えていたら総務の総内さんから給与明細を渡されました。
「はい，今月もお疲れ様。明細の内容確認しておいてね」

> お，給与明細。今日は給料日だったね。

> 内容を確認しているんですが，いろいろなものが引かれているんですね。

> 税金や健康保険に年金，僕は会社の厚生施設を貸してもらったので，その利用料も今月は引かれていたな。

> 給与明細って，あんまりよくわかってなくって…

給与明細を確認しよう

　私たちが毎月手にする**給与明細**には，あらゆる情報が詰まっています。ここでは，給与明細の内容を確認しながら，会社の給与計算の仕組みを見ていきましょう。

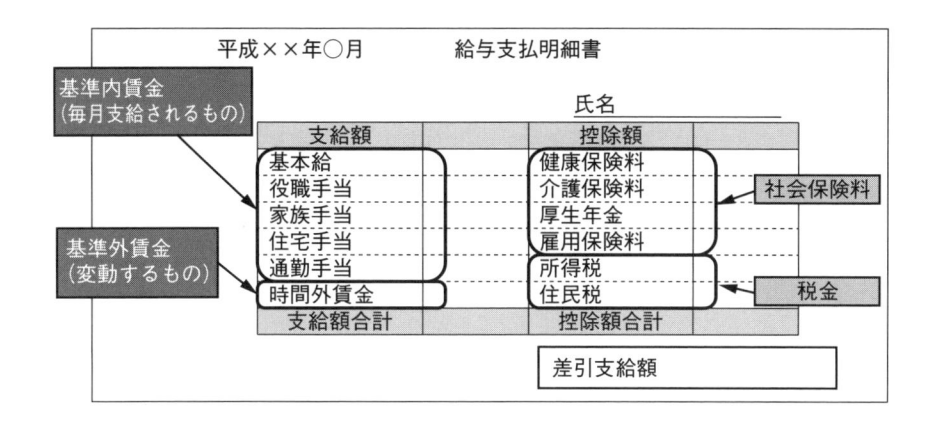

10 お給料の秘密の内訳 —給与の計上①—

```
          平成××年○月      給与支払明細書
                              氏名
基準内賃金      ┌─支給額──┬──┬─控除額──┬──┐
(毎月支給されるもの) │ 基本給   │  │ 健康保険料 │  │
              │ 役職手当  │  │ 介護保険料 │  │← 社会保険料
              │ 家族手当  │  │ 厚生年金  │  │
基準外賃金      │ 住宅手当  │  │ 雇用保険料 │  │
(変動するもの)   │ 通勤手当  │  │ 所得税   │  │
              │ 時間外賃金 │  │ 住民税   │  │← 税金
              ├─支給額合計─┼──┼─控除額合計─┼──┤
                              │ 差引支給額 │  │
```

> 毎月支給される基本給や各種手当を**基準内賃金**といい，特別な事情があったときに生じる時間外手当などを**基準外賃金**っていったりするよ。基準内賃金は，社会保険などの算定の際のベースになる部分なんだ。

> 通勤手当は**非課税**でしたよね？

> **源泉所得税**や**住民税**などの税金計算上はね。でも**1カ月15万円以内**という限度額はあるよ。それから，公共交通機関を利用しない場合には，非課税の基準がもう少し細かく決まっているから注意が必要だよ。
> 健康保険などの保険料の算定の場合には，通勤手当も給与の金額に含まれるから注意してね。

給料を計上する勘定科目

　給与関係を計上する勘定科目は，職制などにより分かれているので，注意が必要です。
　次のように使い分けます。

第3章　日常取引を見てみよう！

勘定科目名	内容	P/Lの表示
役員報酬	取締役等の役員に対する報酬	販売費及び一般管理費
給与手当	社内の事務や営業職などの一般職員に対するもの	
雑給	アルバイトやパート職員に対する給与	
派遣料	派遣会社に支払う派遣職員の給与	
賃金	製品の製造に係る工員の給与	製造原価

このうち，「派遣料（はけんりょう）」は，派遣社員に対して直接支払っているわけではなく，派遣会社に手数料として支払うものだから，人件費だけど**消費税の「課税対象」**となるよ。

役員報酬は，毎月同じ金額なんですか？

基本的にはね。役員報酬は，**株主総会**や**取締役会**の決議により決定されるんだけど，法人税の決まりで次のケースに該当しないと費用として計上できないんだ。

〔役員報酬が計上できるケース〕

定期同額給与	1年を通じて毎月同額を支給
事前確定届出給与	税務署に支払日や金額を届け出た上で任意の支給期に支給
利益連動給与	上場会社などの役員に一定の要件に基づいて支給

給料から引かれるものを確認しよう

次に，給与から引かれるものを見ていきましょう。給与から引かれることを「**給与天引き**（きゅうよてんびき）」といういい方もします。会社ごとに独自に行っている**福利厚生**などに関する天引きもありますが，法律上決められているものは，次のようなものです。

1 源泉所得税

給与に関する所得税の前払い分です。所得税の計算は，**年間の給与の総額**と，**扶養親族の有無**などの状況を元に行われます。月々の給与の支払いの際は，その**概算金額**として，国税庁が公表する「**源泉徴収税額表**」に基づき，概算額を控除します。

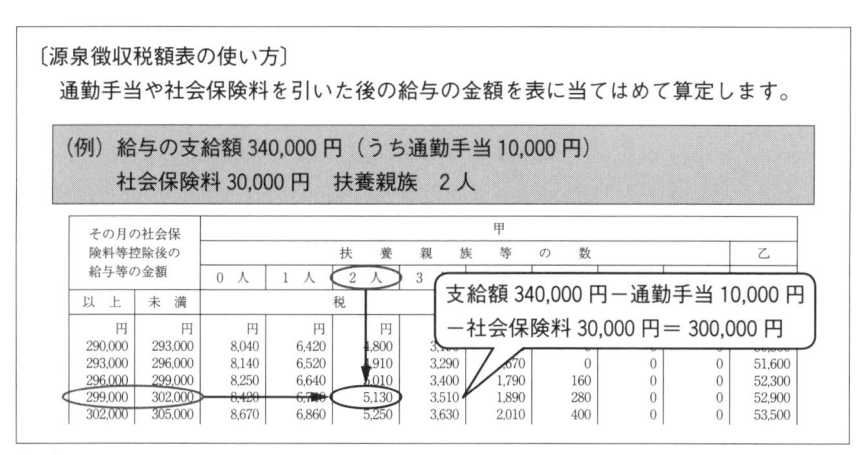

〔源泉徴収税額表の使い方〕
通勤手当や社会保険料を引いた後の給与の金額を表に当てはめて算定します。

(例) 給与の支給額 340,000 円（うち通勤手当 10,000 円）
　　 社会保険料 30,000 円　扶養親族　2 人

その月の社会保険料等控除後の給与等の金額		甲 扶養親族等の数							乙
以上	未満	0人	1人	2人	3				
円	円	円	円	円					
290,000	293,000	8,040	6,420	4,800			0	0	51,600
293,000	296,000	8,140	6,520	4,910	3,290	670	0	0	51,600
296,000	299,000	8,250	6,640	5,010	3,400	1,790	160	0	52,300
299,000	302,000	8,420	6,740	5,130	3,510	1,890	280	0	52,900
302,000	305,000	8,670	6,860	5,250	3,630	2,010	400	0	53,500

支給額 340,000 円 − 通勤手当 10,000 円
− 社会保険料 30,000 円 = 300,000 円

出所：https://www.nta.go.jp/shiraberu/ippanjoho/pamph/gensen/zeigakuhyo2015/data/01-08.pdf より筆者加筆。

なお，月々の給料から控除する源泉所得税は，あくまでも概算金額なので，**年内最後の給与**の支払いの時点で，正しい税額の修正する作業が必要です。正確な所得税額を計算し，概算額との精算を行うことを**年末調整**といいます。

2 住民税

従業員の**住所のある各市区町村**に対する税金です。所得税と違い，概算制度がないため，前年分の所得税の計算をもとに算定された**前年分の税額**を，翌年の 6 月から 12 カ月に等分して納付します。

〔住民税の仕組み〕

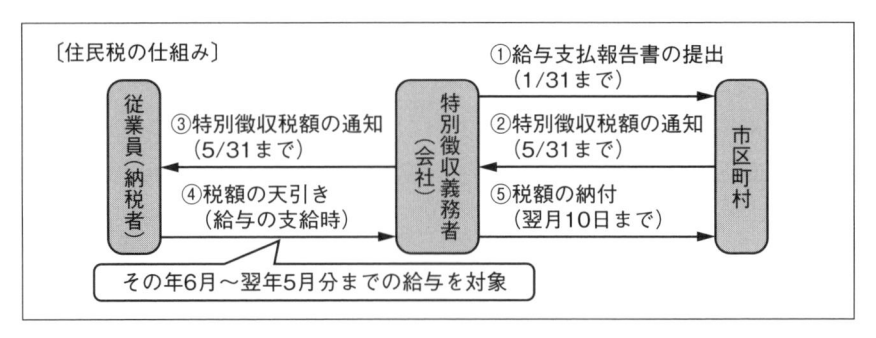

```
従業員（納税者） ← ③特別徴収税額の通知（5/31まで） ― 特別徴収義務者（会社） ← ②特別徴収税額の通知（5/31まで） ― 市区町村
                                                                           ① 給与支払報告書の提出（1/31まで） →
④税額の天引き（給与の支給時） →                    ⑤税額の納付（翌月10日まで） →
その年6月～翌年5月分までの給与を対象
```

3　社会保険料

　社会保険料は，一般的に**健康保険**，**介護保険**，**厚生年金保険**の3つの保険を指します。保険料は，**通勤手当を含む**給与の支給額ごとに定められた**標準報酬月額**の表を使って求めます。標準報酬月額は毎年7月の**算定基礎届**の提出により原則，1年に1度改定されます。

4　雇用保険料

　失業給付などに充てられる保険です。給与の金額に一定の料率を乗じて算定します。

　この料率は，数年に一度改定がありますので，毎年確認することが重要です。

　なお，雇用保険は，**労災保険**と合わせて「**労働保険**」といいますが，労災保険は**会社が全額負担**し，従業員の給与から天引きする部分はありません。

> これら以外にも，**社員持ち株制度の投資額**や**社内預金**，**従業員福利厚生施設の利用料**，**財形貯蓄制度の掛金**など，会社独自の制度に基づく天引きもあるよ。給与は，従業員の生活に直接影響するから間違えないよう，慎重に計算することが重要だよ。

≪実務のポイント！≫

☑ 給与の控除額の算定は項目によって基準になる金額が異なる。

☑ 職制によって，使用する勘定科目にも違いがある。

☑ 税金や保険料の仕組みを覚えて月々の控除額を間違えないようにしよう。

☑ 給料は従業員の生活に直接影響するので慎重に。

10 お給料の秘密の内訳 —給与の計上①—

コラム7　年末調整っていったい何？

年末調整とは，年内最後の給与の支払いの時点で正確な所得税額を計算し，源泉徴収された税額の精算を行うことをいいます。

〔年末調整〕

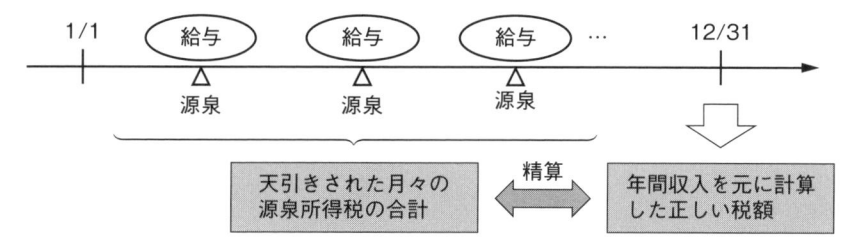

```
1/1      給与        給与        給与    …    12/31
          △          △          △
         源泉        源泉        源泉
```

天引きされた月々の源泉所得税の合計　⇔精算⇔　年間収入を元に計算した正しい税額

年末調整の処理は，経理初心者にとっては難しく感じるでしょう。しかし，正しい税額の出し方と必要書類がわかれば難しい処理ではありません。ここでは，**正しい税額の算定方法と必要書類**を確認していきましょう。

〈年末調整の手順〉

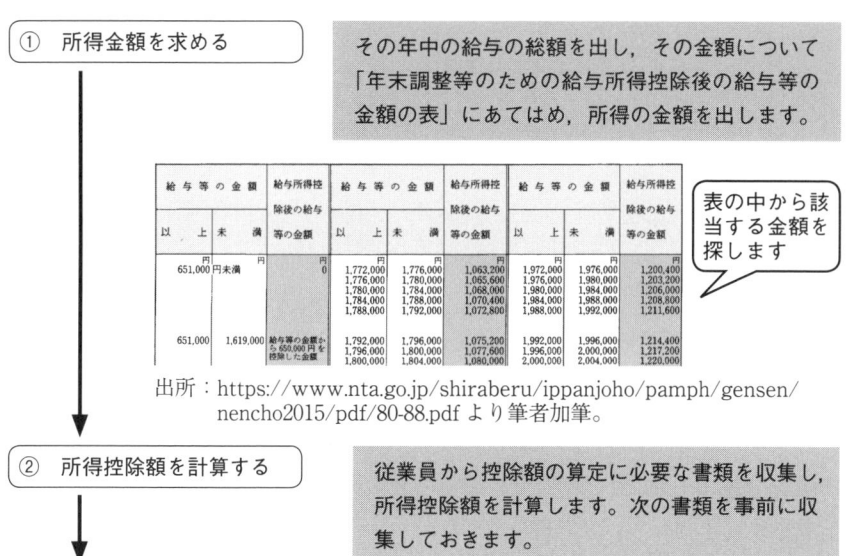

① 所得金額を求める

　その年中の給与の総額を出し，その金額について「年末調整等のための給与所得控除後の給与等の金額の表」にあてはめ，所得の金額を出します。

給与等の金額	給与所得控除後の給与等の金額	給与等の金額	給与所得控除後の給与等の金額	給与等の金額	給与所得控除後の給与等の金額
以上　未満		以上　未満		以上　未満	
円　　円 651,000 円未満	円 0	円　　円 1,772,000　1,776,000 1,776,000　1,780,000 1,780,000　1,784,000 1,784,000　1,788,000 1,788,000　1,792,000	円 1,063,200 1,065,600 1,068,000 1,070,400 1,072,800	円　　円 1,972,000　1,976,000 1,976,000　1,980,000 1,980,000　1,984,000 1,984,000　1,988,000 1,988,000　1,992,000	円 1,200,400 1,203,200 1,206,000 1,208,800 1,211,600
651,000　1,619,000	給与等の金額から650,000円を控除した金額	1,792,000　1,796,000 1,796,000　1,800,000 1,800,000　1,804,000	1,075,200 1,077,600 1,080,000	1,992,000　1,996,000 1,996,000　2,000,000 2,000,000　2,004,000	1,214,400 1,217,200 1,220,000

表の中から該当する金額を探します

出所：https://www.nta.go.jp/shiraberu/ippanjoho/pamph/gensen/nencho2015/pdf/80-88.pdf より筆者加筆。

② 所得控除額を計算する

　従業員から控除額の算定に必要な書類を収集し，所得控除額を計算します。次の書類を事前に収集しておきます。

143

第3章 日常取引を見てみよう！

〔収集する書類〕
・給与所得者の扶養控除等（異動）申告書
・給与所得者の保険料控除申告書兼配偶者特別控除申告書
・生命保険，地震保険，国民年金，小規模企業共済についての控除証明書

③ 税額を求める

所得金額から所得控除額を引いた金額に対し，「速算表」の税率を当てはめて税額を計算します。

課税給与所得金額（A）		税率（B）	控除額（C）	税額＝(A)×(B)−(C)
	1,950,000円以下	5%	—	(A)×5%
1,950,000円超	3,300,000円 〃	10%	97,500円	(A)×10%−97,500円
3,300,000円 〃	6,950,000円 〃	20%	427,500円	(A)×20%−427,500円
6,950,000円 〃	9,000,000円 〃	23%	636,000円	(A)×23%−636,000円
9,000,000円 〃	17,170,000円 〃	33%	1,536,000円	(A)×33%−1,536,000円

（注）1 課税給与所得金額に1,000円未満の端数があるときは，これを切り捨てます。
2 課税給与所得金額が17,170,000円を超える場合は，年末調整の対象となりません。

出所：https://www.nta.go.jp/shiraberu/ippanjoho/pamph/gensen/nencho2015/pdf/89-92.pdf より筆者加筆。

④ 住宅借入金等特別控除額を求める

下記の申告書に記載されている内容に沿って，住宅ローン控除額を計算します。

〔収集する書類〕
・給与所得者の住宅借入金等特別控除申告書
・住宅取得資金に係る借入金の年末残高等証明書

⑤ 年調年税額を求める

③で求めた税額から住宅借入金等特別控除額を引きます。

⑥ 超過額，不足額の算定

源泉徴収税額から⑤の年調年税額を引いて求めます。

過不足税額は，**12月分の給与の支払いで精算**します。また，**12月分の源泉所得税（翌年1月20日納付分）の納付額の計算上**，過不足額を加減算し，税金を納付します（P.148参照）。

11 預り金は意外と簡単？ ―給与の計上②―

お給料から引かれる税金や社会保険料の内容がわかったケイコさん。
総務部から回ってきた給与の支給一覧を元に仕訳計上です。
源泉所得税は…「預り金」，住民税も…「預り金」保険も…「預り金」
みんな預り金でいいのかな？

> 先輩，お給料から天引きされている，税金とか保険ってみんな**預り金**でいいんでしたっけ？

> 預り金でいいんだよ。何か疑問に思うことある？

> **保険は会社も一部負担**してくれるんですよね？
> どうやって計上したらいいんだろうと思って…

> それは，保険の支払いの際に計上するものだから，給与の計上のときはいらないよ。順番に処理の流れを見ていこうか？

給与の仕訳処理

給与の支払いに関する仕訳処理を時系列で見ていくと次のようになります。

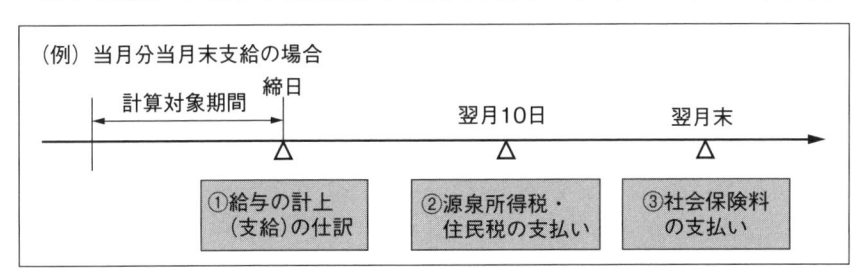

（例）当月分当月末支給の場合

```
                    締日
 ←計算対象期間→       翌月10日        翌月末
 ─────────────△──────────△──────────△──────→
            ①給与の計上    ②源泉所得税・   ③社会保険料
            （支給）の仕訳  住民税の支払い   の支払い
```

固定給の社員しかいない場合は，給与計算の締日（計上日）と支給日が同じになるケースが多いよ。

源泉所得税や住民税は**10日払い**，社会保険料は**月末払い**なんですね。雇用保険料はいつなんですか？

雇用保険だけは支払いが特殊で，年1回の申告時にまとめて支払うか，年3回に分納するか選択できるんだ。毎月の納付分の仕訳だけ見ていくよ。

①給与の計上（支給）の仕訳

（借）給 与 手 当	250,000	（貸）預 り 金（社会保険料）	30,000
旅費交通費	10,000	預 り 金（源泉所得税）	15,000
		預 り 金（住 民 税）	8,000
		現 金 預 金	207,000

さっき，ケイコさんもいっていたとおり，税金や保険は**すべて預り金**でOK。そんなに難しくないでしょう？

そうですね。預り金に「**補助科目**」をつけておくとわかりやすいですね。

預り金はすべて支払ったら相殺されて消えるから，それぞれの項目で分けておいた方が確認がとりやすいよ。

②源泉所得税・住民税の納付

（借）預 り 金（源泉所得税）	15,000	（貸）現 金 預 金	23,000
預 り 金（住 民 税）	8,000		

これで源泉所得税や住民税の預り金はすべて消えますね。

③社会保険料の支払い

（借）預り金（社会保険料）	30,000	（貸）現　金　預　金	60,400
法定福利費	30,400		

> 社会保険料は，**会社と折半**で保険料を支払うから，預り金との差額は会社負担分として「**法定福利費**」という費用科目で計上するよ。
> 「**子ども・子育て拠出金**」という会社が全額負担する負担金と一緒に支払うから，会社の負担分の方が少しだけ大きくなるよ。

給与が月末までに支払われないとき

アルバイトのように時給計算が必要なケースなど，計算対象期間の末日と支給日が異なる場合があります。税金や社会保険料は，**給与の支給時に天引き**するものなので，給与の締日の段階では**給与の計上**のみを行い，**支給日**にこれらの**天引きの仕訳**が計上されるので注意が必要です。

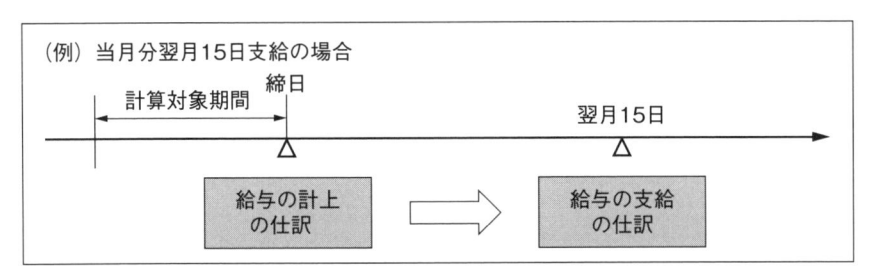

（例）当月分翌月15日支給の場合

　　　　　　　　　締日　　　　　　　　　　　翼月15日
　　計算対象期間　△　　　　　　　　　　　　△
　　　　　　　　給与の計上　　⇒　　給与の支給
　　　　　　　　の仕訳　　　　　　　　の仕訳

①給与の計上の仕訳

（借）給　与　手　当	800,000	（貸）未　払　金	810,000
旅費交通費	10,000		

> 給与計算の締日と支給日が違うので，**締日**のところで「**未払金**」を計上するんですね。

第3章 日常取引を見てみよう！

②給与の支給の仕訳

（借）未　払　金	810,000	（貸）預　り　金（社会保険料）	52,000
		預　り　金（源泉所得税）	38,310
		預　り　金（住　民　税）	8,000
		現　金　預　金	711,690

そう。それから，給与を「支払うとき」に天引きを行うから，**支給日の日付**で預り金を立てるんだ。

従業員から預かった税金や保険料は，帳簿上納付したら毎月必ずゼロになるんですね。

そのとおり。年末調整で還付金が出る場合には，その分を**12月分の源泉所得税から引いて**納付するよ。還付金部分は12月分の給与の支給時に返金するので，預り金から給与の「未払金」に振り替える必要があるよ。

日付	相手科目	摘要	借方金額	貸方金額	残高
11.25	諸口	11月分給与源泉税		38,310	38,310
12.10	現金	11月分源泉支払	38,310		0
12.25	諸口	12月分給与源泉税		38,310	38,310
12.25	未払金	年末調整還付金	15,800		22,510
1.20	現金	12月分源泉支払	22,510		0

納付したらゼロに！

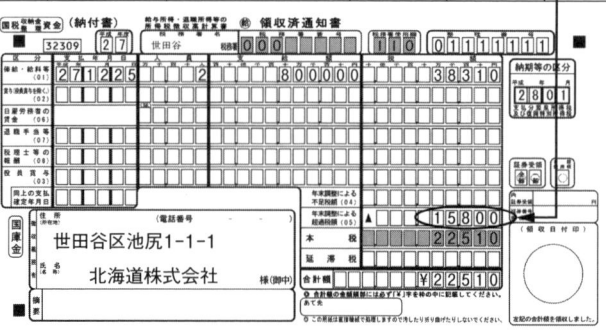

11 預り金は意外と簡単？―給与の計上②―

| (借)預 り 金 | 15,800 | / | (貸)未 払 金 | 15,800 |

年末調整還付金がある場合の給与の支給の仕訳は次のようになります。

〔年末調整還付金がある場合の仕訳〕

(借)未 払 金	825,800	(貸)預 り 金（社会保険料）	52,000
		預 り 金（源泉所得税）	38,310
12月分支給額	810,000	預 り 金（住 民 税）	8,000
年末調整還付金	15,800	現金預金	727,490

> それから，給与の支払者が10名未満の場合には「**納期の特例**」といって，源泉所得税だけ半年に1回の納付とすることができるよ。

≪実務のポイント！≫
☑ 社会保険料，源泉所得税，住民税などは，給与から天引きで預り，翌月に納付することから「預り金」勘定で計上する。
☑ 給与の計算対象期間と支給日が異なるときは，給与を「未払金」で計上し，支給日に天引き分の「預り金」を計上する。

12 とりあえず入れておこう！
—仮払金・仮受金—

簿記で習った仕訳の意味もだんだんわかり，毎日の仕事がおもしろい！
仕事も慣れて，はりきるケイコさん。
しかし，普通預金の入力をしながら考え込んでいます。
「うーん，なんだろう？　わからない…」

> ケイコさんそんなに考え込んで，どうしたの？

> 今，普通預金の入力をしているんですが，この「キノウキタ」というところの支払いの請求書がなくて。内容がわからないんです。

> それじゃあ，そこは「**仮払金**」にして，あとで請求書探したらいいよ。

> 仮払金って，出張旅費とかを先払いするときの科目ですか？

わからなければ仮計上

　現金や普通預金のデータを現金出納帳や通帳から入力していると，請求書等の帳票がないなどの理由で，**内容がわからない入出金**がある場合があります。

　これらの不明な入出金について，ケイコさんのように，確認に時間を取られてしまって，入力の作業が進まなくなってしまうことはないでしょうか？

　現金出納帳や通帳の仕訳入力は，月次の作業でも時間がかかる部分ですので，入力作業にスピードが求められます。

　そんなときに便利な科目が「**仮払金**」や「**仮受金**」です。

12 とりあえず入れておこう！ —仮払金・仮受金—

> わからない部分を飛ばして入力しちゃうと，残高が通帳と合わないから，内容が判明しても今度は残高が合っているかの確認に時間が取られちゃうよね？

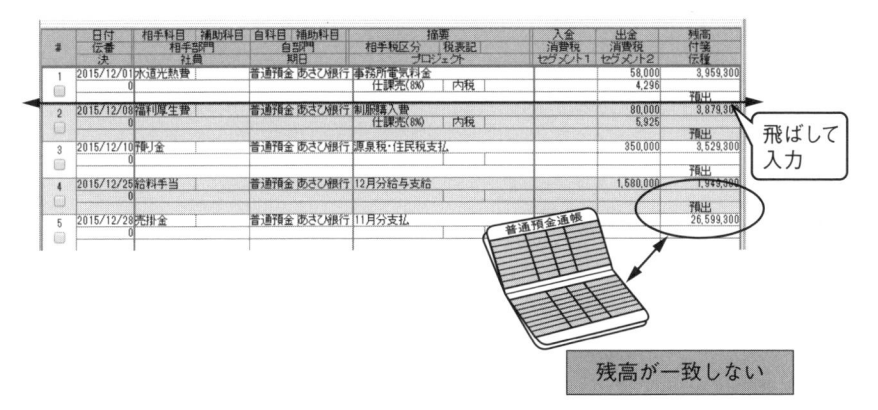

#	日付 伝番 決	相手科目 相手部門 社員	補助科目 自部門 期日	自科目	補助科目	摘要 相手税区分 税表記 プロジェクト	入金 消費税 セグメント1	出金 消費税 セグメント2	残高 付箋 伝種
1	2015/12/01 0	水道光熱費		普通預金 あさひ銀行		事務所電気料金 仕課売(8%) 内税		58,000 4,296	3,959,300 預出
2	2015/12/08 0	福利厚生費		普通預金 あさひ銀行		制服購入費 仕課売(8%) 内税		80,000 5,926	3,879,300 預出
3	2015/12/10 0	預り金		普通預金 あさひ銀行		源泉税・住民税支払		350,000	3,529,300 預出
4	2015/12/25 0	給料手当		普通預金 あさひ銀行		12月分給与支給		1,580,000	1,949,300 預出
5	2015/12/28 0	売掛金		普通預金 あさひ銀行		11月分支払			26,599,300 預出

→ 飛ばして入力

普通預金通帳 → 残高が一致しない

> わからないところも仮払金で入力しておけば，残高は合わせられるから，あとから確認する必要がなくなるよね！

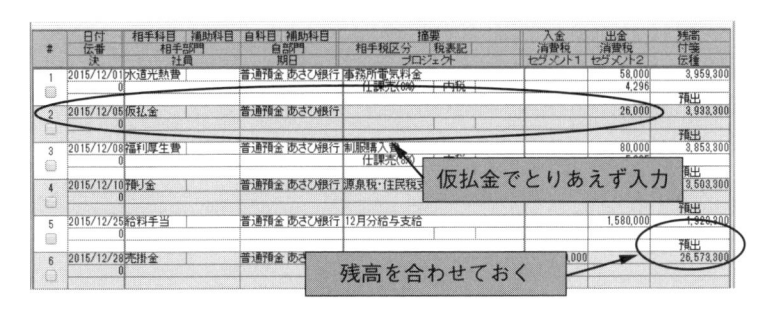

#	日付 伝番 決	相手科目 相手部門 社員	補助科目 自部門 期日	自科目	補助科目	摘要 相手税区分 税表記 プロジェクト	入金 消費税 セグメント1	出金 消費税 セグメント2	残高 付箋 伝種
1	2015/12/01 0	水道光熱費		普通預金 あさひ銀行		事務所電気料金 仕課売(8%) 内税		58,000 4,296	3,959,300 預出
2	2015/12/05 0	仮払金		普通預金 あさひ銀行				26,000	3,933,300 預出
3	2015/12/08 0	福利厚生費		普通預金 あさひ銀行		制服購入費 仕課売(8%)		80,000	3,853,300 預出
4	2015/12/10 0	預り金		普通預金 あさひ銀行		源泉税・住民税			3,503,300 預出
5	2015/12/25 0	給料手当		普通預金 あさひ銀行		12月分給与支給		1,580,000	預出
6	2015/12/28 0	売掛金		普通預金 あさひ					26,573,300 預出

仮払金でとりあえず入力
残高を合わせておく

> なるほど。これなら，通帳に書かれている入出金を全部入力できるから入力作業は早くなりますね。

> そうでしょ？ わからないものは，次の2つの仕訳って覚えてね。

151

第3章 日常取引を見てみよう！

〔出金内容が不明な場合〕

| (借) 仮 払 金 | 26,000 | / | (貸) 現金預金 | 26,000 |

〔入金内容が不明な場合〕

| (借) 現金預金 | 32,000 | / | (貸) 仮 受 金 | 32,000 |

> わかりました。ところで，仮払金を消すときは**振替仕訳**を入れればいいんですよね？

仕訳の修正は仕訳で入れる？？

仮払金や仮受金で仕訳したものの内容が判明したら，原則として下記のような**振替仕訳**を入れます。

振替仕訳とは，正しい科目を正のポジションに，消したい科目を負のポジションに置いた仕訳を切ることで，各勘定科目の残高を正しく修正する仕訳です。消したい科目は，負のポジションに入れることで**相殺消去**されるのです。

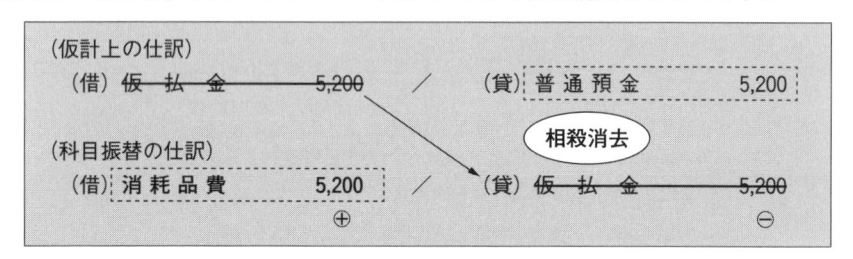

```
（仮計上の仕訳）
　（借）仮 払 金　　　5,200　　／　（貸）普通預金　　　5,200
　　　　　　　　　　　　　　　　　　　　　　　　　相殺消去
（科目振替の仕訳）
　（借）消耗品費　　　5,200　　／　（貸）仮 払 金　　　5,200
　　　　　　　⊕　　　　　　　　　　　　　　　　　　　⊖
```

> 仮払金は資産の科目だから**借方が＋**，これを消すんだから振替仕訳では，貸方に置く。

> 「キノウキタ」は消耗品の支払いだったから，「消耗品費」が正しい科目で，費用だから借方において＋。これで，仮払金が消えましたね。

152

12 とりあえず入れておこう！ ―仮払金・仮受金―

> 振替仕訳はそのとおり！　ただし，この振替仕訳という方法は，**帳簿を手書きで作っていた時代のやり方**なんだ。会計ソフトだと，過去の仕訳もあとから書き直せるので，仮払金の内容が判明したら，そのまま正しい科目に修正してしまう方が多いんだ。

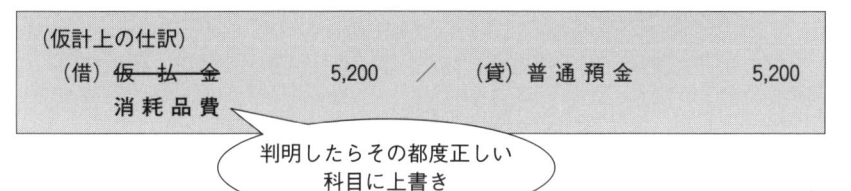

```
(仮計上の仕訳)
  （借）仮　払　金      5,200  ／ （貸）普 通 預 金    5,200
       消 耗 品 費
```

（判明したらその都度正しい科目に上書き）

> 確かに，振替仕訳だと，仮払金の元帳を見ないと内容の確認ができないので，不便ですものね。

> うちの会社は，月次の入力が終わる前なら直接直していいことになっているけど，月次を締めてしまった後は振替仕訳を入れないといけないルールになってるよ。こういった，**修正のルール**は会社ごとに決まっているから，ルールを確認して**臨機応変**に対応することが大事だよ。

> そのためには，振替仕訳も切れるようにならないといけないというわけですね！

また，出張などの際に，出張旅費を仮払いしておき，戻ってきてから差額を精算するような場合にも仮払金勘定が使われます。

```
出　張　前：（借）仮　払　金   50,000  ／ （貸）現 金 預 金   50,000

出張費精算：（借）旅費交通費   33,000  ／ （貸）仮　払　金   50,000
             交　際　費        5,000
             現 金 預 金     12,000
```

153

> 出張先で38,000円使って，お金が12,000円余ったという仕訳だね。
> 仮払金は，こういった後から精算する予定がある**一時的な支払い**にも使われる科目なんだ。

≪**実務のポイント！**≫
☑ わからない部分は「仮払金」「仮受金」でとりあえず入力。確認はあと。
☑ 社内での仕訳の修正ルールを確認しておこう。

13 高い買い物は資産で管理
―有形固定資産―

ケイコさんの会社に新しいコピー機が入りました。

営業さんの資料もカラーでプリントできる優れものです。総務の総屋さんが何度も交渉して安くしてもらったそうです。

経理部のケイコさんの机には総務部から来た伝票が置いてありました。

> コピー機って高いんですね！ 150万円もしますよ。長い間使うものだから大事に使わないと…

> 長い間使う資産のことは，固定資産っていうよ。コピー機のような形のあるものは「**有形固定資産**」っていうよね。

> コピー機の勘定科目は**器具備品**ですね。
> それにしても，高い資産は固定資産っていうけど，なんで資産に計上しないといけないのでしょうか？

> それは，会計特有の「**費用配分**」という考え方があるんだ。

使える期間で分けて費用化

ここに，昨日買ったペンがあります。このペンの購入の仕訳は次のとおりですよね？

（借）消 耗 品 費	200	／	（貸）現 金 預 金	200

> ペンはすぐに使えなくなってしまうけど…コピー機は長い間使えます。

第3章 日常取引を見てみよう！

> そうなんだ。長期間に渡って使えるはずだから，コピー機の150万円は使える期間全体の経費って考えないといけないんだね。

　このように，経費の計上をする際に，「長く使えるものは，その**使用期間全体の経費**として少しずつ配分して計上しよう！」という考え方が，**費用配分**というものなのです。

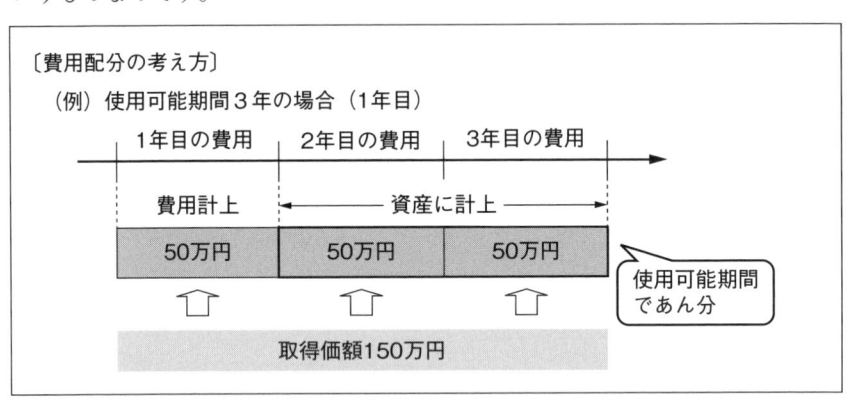

〔費用配分の考え方〕
（例）使用可能期間3年の場合（1年目）

1年目の費用	2年目の費用	3年目の費用
費用計上	資産に計上	
50万円	50万円	50万円

取得価額150万円

使用可能期間であん分

> どうして，費用に入れない部分は**資産**で計上するんですか？

> **費用の前払い**と考えるとわかりやすいよ。本来は毎年50万円ずつ支払わなければならない費用を1年目にまとめて150万円払っちゃったとすると，今年の50万円以外は前払いになるから資産に計上する。

> 先にお金だけ何年分も払ってしまったっていうことですね。

> そうそう，逆に資産の方から見ると，最初は新品で売っても価値が高いけど，いつかはボロボロになって価値がなくなるよね？
> 買った時はまだ価値が高いから資産として計上しておいて，価値の減り方に応じて「**使った**」って考えるということなんだ。

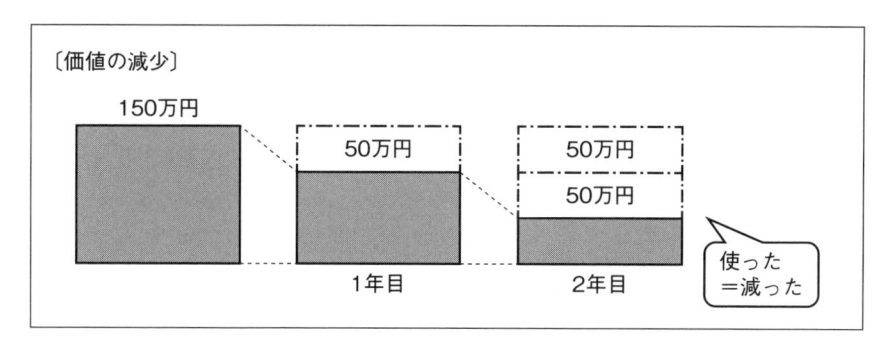

13 高い買い物は資産で管理 —有形固定資産—

[価値の減少]

150万円 → 1年目 50万円 → 2年目 50万円 / 50万円

使った＝減った

> 価値が減る部分を費用として認識するから「**減価償却費**」っていうんですね。

高いもの以外は配分しない

「長く使えるものは一度資産で計上してから，使用可能期間の中で少しずつ費用とする」これが簿記のルールですが，実際には長く使えても資産に計上しないものもあります。

たとえば，ケイコさんのデスクのイス。ケイコさんが入社する何年も前から使われています。それでは，なぜ高いものだけ資産計上しなければならないのでしょうか？

それは，**損益に影響する金額が大きい**からです。5年で分割すると…

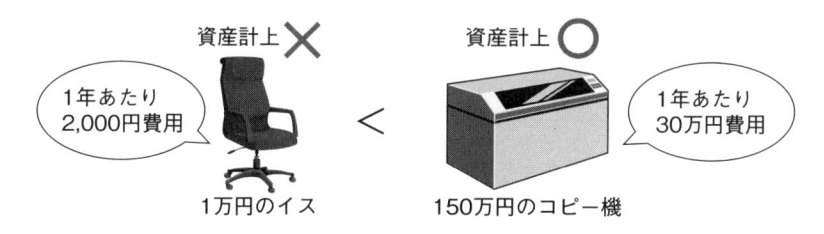

資産計上 ✕　　　　資産計上 ◯
1年あたり2,000円費用　＜　1年あたり30万円費用
1万円のイス　　　150万円のコピー機

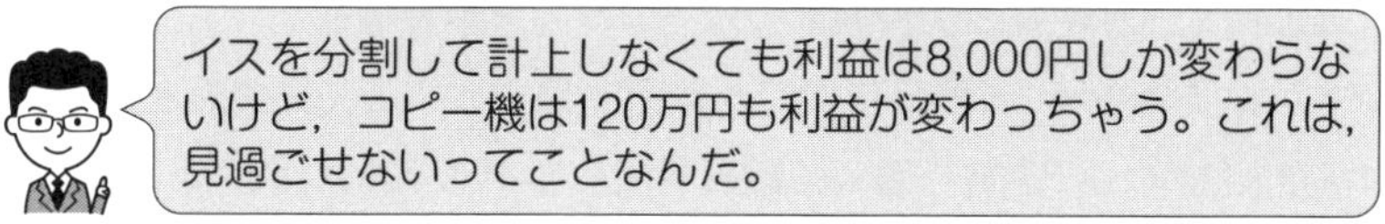

> イスを分割して計上しなくても利益は8,000円しか変わらないけど，コピー機は120万円も利益が変わっちゃう。これは，見過ごせないってことなんだ。

157

第3章　日常取引を見てみよう！

> 金額の問題があるわけなんですね。では，いくらから資産に計上しないといけないんですか？

いくらから資産に計上するのか？

簿記の勉強では，資産に計上するのか消耗品として費用にするのかは明確な基準がなく，「車は資産，文房具は消耗品」というように漠然と押さえていた人も多いのではないでしょうか？

実務では，法人税などの**税法の基準**で，資産に計上するかどうかを判断します。この場合の固定資産に該当する資産は，次のどちらかに該当するものです。

① 取得価額が10万円以上のもの
② 使用可能期間が1年以上のもの

> 使用可能期間が1年未満の資産というのは，放映期間が短い映画のフィルムとか特殊な話なので，一般的には金額で判断してかまわないよ。

> 10万円以上の資産は，確かにあまり買わないですね。でも，それじゃあ，たとえば車を10万円未満で買ってきても消耗品でいいんですか？

> そういうこと。資産の種類は関係ないよ。ただし，税法の基準で10万円以上の資産でも**30万円未満の資産**については資産に計上しないでいい場合があるから注意が必要だよ。

取得価額に含まれるもの

固定資産に計上するかどうかの判断の基準となる「**取得価額**」にも少し注意が必要です。取得価額は，「**取得に要した費用**」がすべて入ります。そのため，商品の仕入と同じように**運賃**や**搬入・設置費用**などが別途ある場合にはこれらもすべて含めて取得価額とします。

13 高い買い物は資産で管理 ―有形固定資産―

```
コピー機 ＋ 運賃 ＋ 搬入・設置費用
       ─────── 取得価額 ───────
```

資産とは別に運賃などが支払われていた場合には，これらも同じ資産科目で計上します。

運賃を別途支払った時：				
（借）器 具 備 品	10,000	／	（貸）現 金 預 金	10,000

なお，これらの資産本体以外に購入にかかった費用を「**付随費用**」といいます。商品のときと同じですね。

> 取得価額は，固定資産として計上すべきかどうかの判定に影響するよ。
> 固定資産の**本体以外に取得価額に入れるもの**がないか，資料をよく確認して判断しないといけないよ。

≪実務のポイント！≫
☑資産に計上するか，費用で計上するかは金額で判断する。
☑運賃や搬入・設置費用なども固定資産で計上する。

第3章 日常取引を見てみよう！

14 かたちのない，いろいろな資産 —無形固定資産・繰延資産—

経理では新しい販売管理のソフトを導入することになりました。
在庫の管理や請求書の発行，顧客の管理までなんでもできます。
今日はソフトの販売会社さんとの打ち合わせです。
営業部との合同の会議に出席したオサム先輩もわくわくしています。

> 先輩なんだか楽しそうですね。

> ついに，販売管理のソフトを入れることになったんだよ。今までは営業部が管理していたデータをもらっていたから作業がうまくいかないこともあってね。

> すごいですね。高いんですか？

> 今回は，大きな投資だから相当いいやつみたいだよ。あ，もちろん**固定資産**になるからね。

形のない固定資産

　ソフトウェアは，パソコンにインストールして使用するものです。しかし，専門性の高いソフトは金額も高く，何年にも渡って使用するため，これも，「**無形固定資産**」として資産に計上します。

> 資産に計上するかどうかの判定金額は，これまでみてきた有形固定資産と同じ判定をするよ。

> 取得価額が10万円以上かどうか，ということですね。

14 かたちのない，いろいろな資産 —無形固定資産・繰延資産—

無形固定資産にはこのほかに次のようなものがあります。

> 特許権
> 商標権
> 意匠権
> 実用新案権
> 鉱業権
> 営業権

無形固定資産は，こういった**権利関係**が多いんだ。これらの権利も車やコピー機と同様に減価償却で毎年少しずつ費用化していくよ。

社内の研究開発や商品の名前，ロゴなどさまざまな「権利」がありますね。

営業権はM＆A（企業買収）などがあった場合に出てくるよ。評価額より高い金額で会社を買い取った場合に差額を計上する科目なんだ。

費用…なのに資産？

固定資産のように償却が必要な資産に「**繰延資産**」があります。

繰延資産の代表例は，**創立費**，**開業費**，**開発費**などです。

全部「○○費」となっています。資産なのか，費用なのか不思議な資産です。

繰延資産は，実は**費用なのに資産に載せちゃっている**変な資産なんだ（笑）

費用なのに資産に載せている…ということは，本来は資産じゃないってことですか？ なんだか難しいな。

さっきの無形固定資産は形はないけど，買ったり売ったりできる資産だよね？
繰延資産は，会計的な見方をすると資産っていえるよねっていうものであって，**本質は費用を払っただけ**なんだ。

わかったような，わからないような…

161

第3章　日常取引を見てみよう！

長期に効果の出る費用

　繰延資産のうち，**創立費**や**開業費**は，会社の設立から事業を開始するまでにかかった費用です。具体的には，創立費は**会社の設立登記費用**や**収入印紙の購入代**など，**開業費**は事業の開始準備に係る**移動交通費**，**備品の購入費用**などが含まれます。

　これらは，事業が始まってしまえば，普通に租税公課や旅費交通費などの費用として計上されます。

　しかし，創立費や開業費は，まだ会社の**事業が始まっていないときに支出する費用**です。そのため，これらはこれから事業を行い稼ぐための「**将来の費用**」であるともいえます。そこで，この「**将来性**」に着目して資産計上することになっているのです。

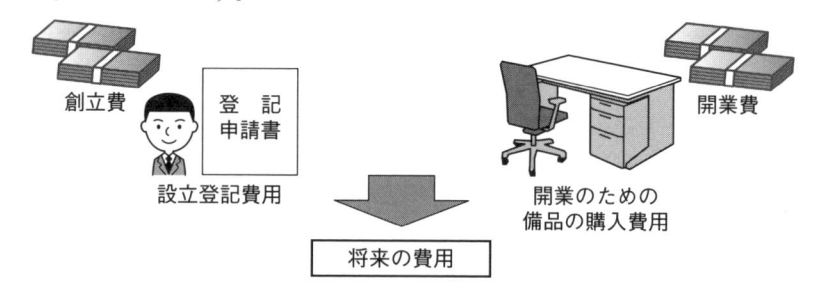

　それぞれの繰延資産はこんな内容だよ。固定資産と違って**20万円未満**の支出は資産に計上しなくてOKだよ。

科 目	内 容	具体例
創立費	法人を設立するための支出	定款等の作成費用，登記費用，金融機関の取扱手数料など
開業費	法人設立後，事業を開始するまでの費用	開業準備期間中の不動産の賃借料，消耗品や備品の購入費用，広告宣伝費用など
開発費	市場開発や新技術，新組織採用のための開発費用などの特別な費用	新市場を開発するための市場調査費用，組織変更を行うためのコンサルティング料など

税法独自の繰延資産

　前述の3つの繰延資産は、**会社法**で定められた繰延資産です。簿記の問題で見たことのある方も多いでしょう。

　しかし、**法人税法**では、当期に支出した費用のうち、その**支出の効果が1年以上続くもの**については、繰延処理することが求められます。これは、**税法上の繰延資産**といわれています。

　実務において特に頻繁に出てくるのが、「**建物を賃借するために支出する権利金等**」です。

> 簡単にいうと、不動産の契約時の「**権利金**」をいうんだ。借りる際の初期費用だけど、契約期間は、2～3年が一般的だから、支出の効果が1年以上及ぶと考えられているよ。

> 確かに、権利金は物じゃないけど、不動産の契約期間は長いですものね。

> ほかにも組合などの**同業者団体への加入金**や商店街のアーケードなどの**共同設置のための負担金**、メーカーの名前の入った什器など、**広告宣伝のために無償提供する資産**の購入費用などが該当するよ。

≪実務のポイント！≫

☑ ソフトウェアや権利などの無形固定資産は、取得価額10万円以上の場合に資産に計上する。

☑ 支出額20万円未満の支出は、繰延資産として資産計上しなくてよい。

☑ 建物を賃借するための権利金など、税法上の繰延資産もある。

第3章では，簿記でも学習した日常取引を学習しました。実務では，帳票整理や書類の書き方など，仕訳処理の前にある業務が大事だったんですね。
仕訳処理もきちんと意味を理解すれば，間違いなく処理できます。

第4章では，いよいよ決算について見ていくよ。決算がわかれば，経理の初心者はもう卒業。
1年を通してやることが理解できれば，期中の日常取引も自分で判断して処理できるようになるよ。教科書通りじゃなくね。

第4章

決算って
なんだろう？

決算は経理の現場において，最も重要な仕事です。
…それはわかっていても，「決算」って何をしたらいいんだろう？
経理初心者はみんなが思う疑問です。
しかし，「決算に何をするべきか？」ということがわかれば，経理の仕事もワンランクアップ！
日常業務も見方が変わり，自分で判断できる一人前の経理担当者に変わりますよ！
ここでは，決算について見ていきましょう。

第4章　決算ってなんだろう？

1　決算って何するの？　―決算整理の準備―

ケイコさんの会社もいよいよ決算のシーズンです！
毎日忙しそうなオサム先輩。お手伝いをしたいと思うものの，
「決算っていったい何をするんだろう？」
ケイコさんは簿記で勉強した「決算整理」を思い出していました。

> ケイコさん，今月のデータ入力はもう大丈夫だよね？
> 今月は**決算**だから，計上に間違いがないか，担当箇所は試算表確認してね。

> オサム先輩，忙しいところ申し訳ないんですが…結局，決算って何をしたらいいんでしょう？

> うーん，まあ，簡単にいうと，**帳簿をあるべき正しい金額にすること**かな？

> あるべき正しい金額って，なんですか？

決算とは結局なんだ？

簿記の勉強では，「決算」というと，減価償却費を計上したり，貸倒引当金を計上したり…というイメージだけが残り，実務に携わっても，ケイコさんのように「**決算って何？**」と思っている人も多いのではないでしょうか？

ここで，**簿記一巡**の中でもう一度，決算を確認してみましょう。

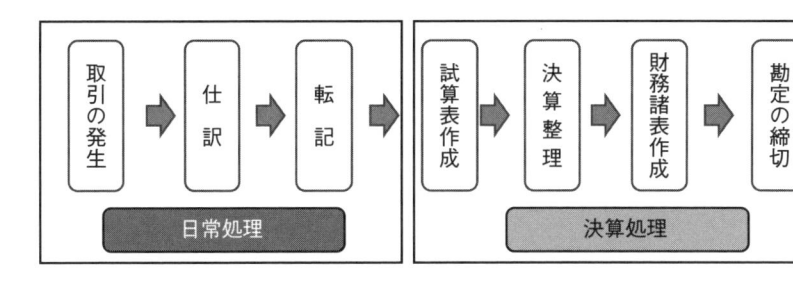

1 決算って何するの？ ―決算整理の準備―

```
[取引の発生] → [仕訳] → [転記] → [試算表作成] → [決算整理] → [財務諸表作成] → [勘定の締切]
         日常処理                    決算処理
```

> これまで行ってきたのは，日常取引ですよね？ でも，試算表は実務ではその都度確認で作るから，実際は決算整理からですか？

> いや，その前にすべての勘定科目が，**「決算整理前残高試算表」** に正しく計上されているかな？ これを整理する作業も含めて，一般的に「決算」っていうんだ。

決算とは帳簿を整理する作業

　決算は，株主に利益を配当するための**成績**である「**貸借対照表**」や「**損益計算書**」を作成するための作業です。その前提である帳簿の金額は，不確定な部分や誤りがある部分をなくさなくてはなりません。そのため，期中仕訳をまとめた決算整理前残高試算表は，決算日における「**あるべき残高**」が計上されていなければなりません。それでは，その「あるべき残高」とはどのように確認したらよいのでしょうか？

> これからやる作業は，帳簿と**「現実」**を合わせる作業ってことなんだ。

> 現実ですか？

> そう。現実。こういう作業は簿記では勉強しないよ。

167

第4章 決算ってなんだろう？

> 勉強ではしない作業？？

決算で行っていく「現実」の確認作業の主なものを見ていきましょう。

1　預金や借入金は「残高証明書」を入手する

銀行では，決算日の日付で下記のような**残高証明書**を発行してくれます。

残高証明書			○○銀行 ○○支店
普通預金	口座番号	残　高	備　考

これは，その決算日におけるその会社の取引口座や借入の残高を記載した証明書です。これを入手し，帳簿残高に誤りがないか確認します。ただし，**当座預金**に関しては，あくまでも**銀行で管理している残高**なので，前述のとおり，帳簿残高と異なる場合があります。

2　売掛金や買掛金は「残高確認書」を相手先に送付する

売掛金や買掛金などの債権債務は，取引先に**残高確認書**を送付し，取引先の帳簿と残高が一致しているのか確認を取ります。

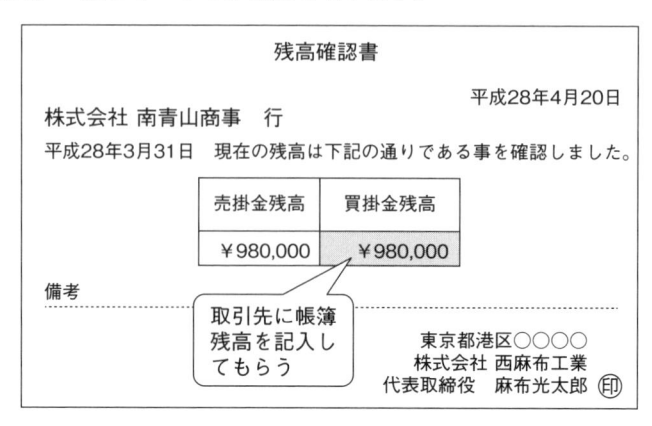

残高確認書

平成28年4月20日

株式会社 南青山商事　行

平成28年3月31日　現在の残高は下記の通りである事を確認しました。

売掛金残高	買掛金残高
¥980,000	¥980,000

備考

取引先に帳簿残高を記入してもらう

東京都港区○○○○
株式会社 西麻布工業
代表取締役　麻布光太郎　㊞

1 決算って何するの？ ―決算整理の準備―

> この作業は，主に会計監査の対象となる会社で行われるよ。

3 締め後の売掛金や買掛金を計上する

請求書の計算の締日よりも後の取引を**締め後取引**といいます。たとえば，下記のように，取引先の請求の締めが20日締めだった場合，決算月である3月の請求書は2月21日から3月20日までの請求書です。これだけでは，請求書に載っていない3月21日から3月31日までの取引に関する売掛金や買掛金が漏れてしまいます。そこで，この期間分を**納品書**などで確認し，計上します。

〔20日締めの取引先の場合〕

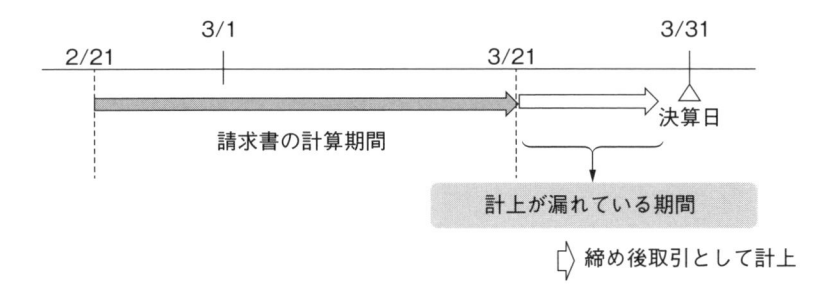

```
       3/1                      3/21              3/31
2/21    |                        |                 △
  |─────────────────────────────>|──────────────>  決算日
           請求書の計算期間              計上が漏れている期間
                                         ⇩ 締め後取引として計上
```

4 実地棚卸を行う

商品などの棚卸資産は，決算日に現物の個数を確認して，**在庫表**を作成します。このときに，不良在庫などは，決算日までに廃棄処理を依頼し，**廃棄証明書**をもらっておきます。

169

第4章 決算ってなんだろう？

> 簿記で勉強したように、決算整理で「**棚卸減耗費**」を計上しないといけないから、在庫数を実際に数えないといけないんだ。小売店などは決算日に夜通し棚卸をしていたりするよ。

5 固定資産の現物確認

固定資産については、「**固定資産台帳**」に記載されている物がすべて社内にあるか確認します。経理部門に報告がないまま廃棄してしまった資産があれば、「**固定資産除却損**」を計上します。

（壊れちゃったんで先月廃棄しました。 営業部）
（台帳）
（〇番のノートパソコンはありますか？）

> そうか、記帳はありのままに正しく計上されていないといけないから、期末時点で現実を確認するんですね。残高は単に帳簿上の金額を合わせただけじゃダメなんだ！

> こういった、現実の確認作業が意外と時間がかかるんだよ。でも、帳簿が実態と離れていたのでは意味がないから、これらは重要な作業なんだ。

≪**実務のポイント！**≫
☑ 決算は帳簿の内容が現実と離れていないかを確認する作業でもある。
☑ 債権や債務などは相手から正しい金額の証明を取る。
☑ 資産は現物が帳簿と合っているかを確認する。

コラム8　実務では一味違う試算表

簿記で学習した試算表は下記のような「**合計試算表**」と「**残高試算表**」の2種類がありましたが，実務では，あまりこの形式は使われていないのが現状です。

合計試算表
平成○年△月×日

借　方	勘定科目	貸　方
3,100,000	現　　金	2,500,000
1,232,000	当座預金	100,000
80,000	売　掛　金	
	買　掛　金	200,000
50,000	当座借越	350,000
	資　本　金	1,000,000
	売　　上	825,000
432,000	仕　　入	43,000
120,000	荷造運賃	
4,000	支払手数料	
5,018,000		5,018,000

科目ごとに貸借それぞれの合計を記載する

残高試算表
平成○年△月×日

借　方	勘定科目	貸　方
600,000	現　　金	
1,132,000	当座預金	
80,000	売　掛　金	
	買　掛　金	200,000
	当座借越	300,000
	資　本　金	1,000,000
	売　　上	825,000
389,000	仕　　入	
120,000	荷造運賃	
4,000	支払手数料	
2,325,000		2,325,000

各科目の残高のみを記載する

実務で一般的に用いられるのが，次のような貸借対照表や損益計算書の形式になっている「**合計残高試算表**」です。

第4章 決算ってなんだろう？

勘定科目が一覧になっているのが見やすいですね。

左から「**期首（前月）残高**」「**借方合計**」「**貸方合計**」「**期末（当月）残高**」の順に並んでいます。科目内の金額の動きを横一列で見ることができます。

試算表といっても，決算書と同様に**「貸借対照表」部分**と**「損益計算書」部分**に分かれています。貸借対照表や損益計算書としても使えるので，期中の段階での利益や財務内容も把握できます。簿記で勉強した合計残高試算表に比べて優れものなんです！

このように帳票1つとっても，時代とともにどんどん便利になっていくんですね。

2 過去と将来を分ける決算整理
―決算整理仕訳―

棚卸や残高の確認など続々と決算の作業が進んでいきます。

「簿記一巡の手続き」で学習したとおり,「決算整理前残高試算表」も,もうできあがってくるようです。

いよいよ,決算整理。でも,これって何するんだったっけ?

「**財政状態**や**経営成績**を正しく表すために,整理する手続き??」

何それ? 何を読んでいるの?

「**決算整理前残高試算表**」ができる前に,もう一度**決算整理**を復習しておこうと思って,簿記の本を読んでいます。
減価償却や引当金のイメージが強いんですが,結局これって何をしているんですかね?

そうだね。勉強だけだと処理ばかり覚えて何のためにしているのか,意識しないよね。決算整理は,「**正しい期間損益計算**」を行うためにしているんだよ。

正しい期間損益計算のために帳簿を直す手続き

第2章で学習したように,現代の会社は**永遠に続く存在**であることを前提に活動しています。しかし,会社が永遠に続くとなると,株主はどこかで結果を公表してもらわなければ,いつまでたっても配当がもらえません。そこで,その計算のために**人為的に期間を区切って**計算します。この区切った期間のことを「**会計期間**」とか「**事業年度**」といいますよね。ここまでは,理屈上の話。実

第4章　決算ってなんだろう？

際にこれをやってみようと思うと不都合な点がいくつも出てきます。たとえば…

「電気料金の請求が3/21〜4/20？」

「この営業車5年以上乗れるんですよ。」営業部

途中で区切るといっても，普段どおりの取引を途中でやめてもその期間の正しい損益にはならないんだ。
だから，こういった**不具合を解消するルール**を決めて，「えいっ」て終わらせる手続きをとらないといけないんだよ。

そのルールが**決算整理**ってわけですね。

　ここで，思い出していただきたいのが，「**資産**」の意味です。「資産」とは，集めてきたお金の使い方を現したものでしたよね？（第2章4参照）

　会社のお金の流れを，「貸借対照表」と「損益計算書」の関係で見ていくと，集めてきたお金（「負債」や「資本」）は，何らかのものに使われ「資産」となります。その資産をさまざまな営業活動に運用（これを難しい言葉で「**資本投下**（しほんとうか）」といいます）した結果が「**損益**」です。つまり，資産とは，「**損益を生むための機械を動かす燃料**」のような存在です。

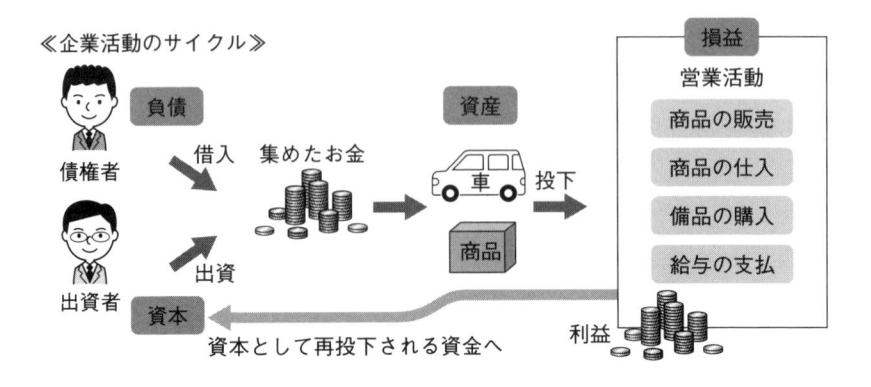

≪企業活動のサイクル≫

債権者 → 借入 → 負債
出資者 → 出資 → 資本
→ 集めたお金 → 資産（車・商品）→ 投下 → 営業活動（商品の販売／商品の仕入／備品の購入／給与の支払）→ 損益
利益 → 資本として再投下される資金へ

174

2 過去と将来を分ける決算整理 —決算整理仕訳—

会社の損益を確定させるということは，裏を返せば，資産のうち「**当期の営業活動に投下した金額（過去）**」と「**これから投下する金額（将来）**」に分けることを意味します。損益計算書が「当期にどれだけ運転したのか？」を現す**成績表**だとすると，貸借対照表は，「来期にどれだけの燃料が残っているのか？」を現す**在庫表**のような関係です。決算整理は，来期に残すものと今期に使ってしまったものを分ける効果があるのです。

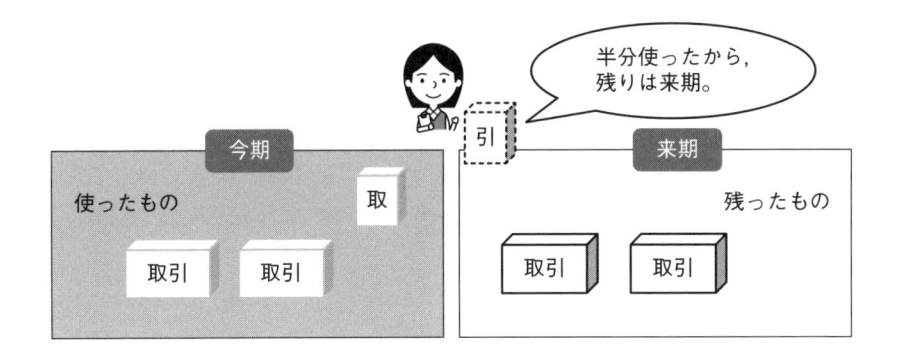

> 半分使ったから，残りは来期。

今期　使ったもの　取引　取引　取　引

来期　残ったもの　取引　取引

> なるほど。期末の貸借対照表に資産がいっぱいあれば，来期に燃料として投下できるものがたくさんある。資産が大きくなればその分，将来の利益も増えるんですね。

> そうそう。だから，「当期の成績」である損益計算書も大事なんだけど，「来期に活動できるストックがどれだけあるか」を見る貸借対照表も大事なんだ。

> でも，それと減価償却というと，なんかイメージが結びつかないですね。

> 減価償却を行う資産は，長期間使える資産だよね？　けど，使えば見えないところで劣化が進んでる。
> あと何年くらい使えるかを金額で表したものが固定資産の期末簿価で「**資産**」。劣化して価値が減少した部分が減価償却費で「**費用**」。

第 4 章　決算ってなんだろう？

> ほんとだ。ちゃんと法則どおり分けられているんですね！

> 決算整理仕訳は，具体的には次のようなものがあるよ。

≪主な決算整理仕訳の内容≫
① 期末棚卸資産の計上と売上原価の算定
② 減価償却費の計上と固定資産の期末簿価の確定
③ 貸倒引当金の繰入れと債権の期末評価
④ 費用や収益の見越し，繰延べの計上

> 具体的な決算整理仕訳を見ても，ほとんど「**損益**」と「**資産**」の組み合わせですね。

> 決算整理は，初めのうちは決められたものを手順どおりに計上するけど，最終的には，元帳を見ながらどういう仕訳を入れる必要があるのかを**自分で判断できるように**しておくことが重要だよ。

> 元帳を見て判断できるんですか？　難しそうですけど…

> 例外もあるけど，貸借対照表から考えるとわかりやすいよ。「期末に繰り越すべき貸借対照表の残高」を決めてしまえば，その**差額を調整**するのが損益の役割ってわけ。

2 過去と将来を分ける決算整理 —決算整理仕訳—

期末

費用・収益

期をまたぐ費用収益

| 費用・収益 | 資産・負債 |

差額が当期の
費用や収益！

残高を確定

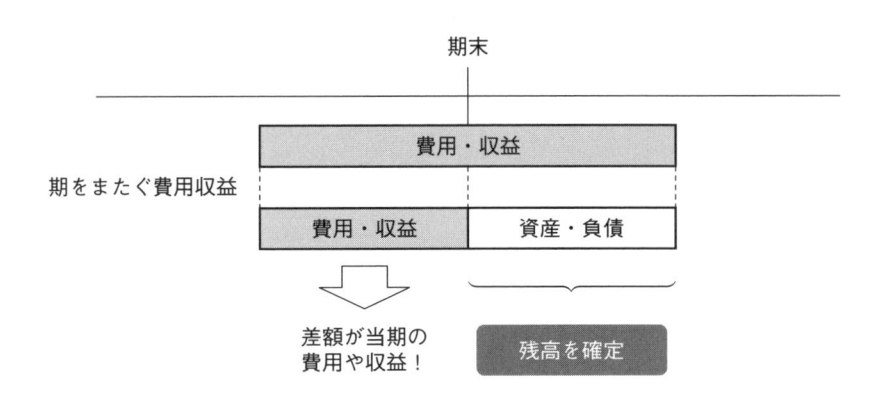

早く自分で判断できるように頑張ります！

≪実務のポイント！≫
☑ 決算整理は，一会計期間の損益を出すために計算を区切るルール。
☑ 資産は次の損益を生むための燃料であり，決算整理は当期に投下済みの損益部分と来期に投下する資産の期末残高に分ける作業。
☑ 一般的に資産の期末残高を確定させ，差額が費用，収益として計上される。

第4章 決算ってなんだろう？

3 期末に在庫を整理整頓
―棚卸資産の評価―

決算日の今日は，倉庫の棚卸。
経理のみんなも一緒に，倉庫で作業のお手伝いです。
簿記で出てきた「実地棚卸(じっちたなおろし)」という作業です。
倉庫の中はたくさんの商品が所狭しと並んでいます。

> こっちの列，数え終わりました！ 棚卸って大変ですね！

> 今では，なかなか見ない商品もまだたくさんあるよね。こうして，帳簿の外の現場を見るのも大事だよ。

> 数え終わったら，「**棚卸明細表**」に記録するんですね。

> そうそう，簿記で習ったように**実地棚卸**の結果と帳簿の有り高を確認して「**期末商品棚卸高**」を出していくよ。

棚卸明細表は手作業で

　ケイコさんの会社のように商品を販売する事業を行う会社においては，期末の風物詩ともいえるこの棚卸という作業。さまざまな管理がシステム化された現代においても，この作業だけは人の手が必要です。なぜなら，実際に倉庫にあるか，**目で確認しなければならない**から。これは大きな会社の監査などでも行われる作業です。

　棚卸を行う際には，在庫として計上されている商品のリストを「棚卸明細表」として用意しておき，商品ごとに数を数えたら在庫数を入れていきます。

3 期末に在庫を整理整頓 ―棚卸資産の評価―

棚卸明細表

×1年3月31日 現在

品番	品名	在庫数量	在庫単価	在庫価格
BC8-76042	両面ホワイトボードキャスター付き	47	9,800	460,600
BC8-3900	オフィス・モイスチャライザー（加湿器）	55	20,000	1,100,000
BC8-3955	オフィス・エアーWクリーン（空気清浄器）	44	35,000	1,540,000
BC8-73900	オフィス・モイスチャライザー用交換フィルタ	41	2,890	118,490
BC8-73955	オフィス・エアーWクリーン用取替フィルタ	19	3,996	75,924
合計	実地棚卸をして書き込む			3,295,014

商品単価はどの金額？

　商品の管理について，帳簿上で**商品有高帳**をつけて確認する場合，簿記の勉強で問題となったのが，「商品の販売時に**払出単価**をいくらにするのか？」という点です。

　先入先出法，**移動平均法**などがありましたよね？

・**先入先出法**…先に買った商品を先に売れたものとして払出単価を計算する方法
・**移動平均法**…商品の仕入の都度，平均単価を求める方法

> どちらのやり方にしても，これだけの商品を手作業で管理するのは大変ですね…

> そうだね。だから，今では商品管理はシステム化されている場合が多いよ。会計システムだけでなく，在庫も管理できるように**在庫管理システム**が導入されているのが一般的だね。

> 集計された結果を帳簿残高として，期末棚卸を計算すればいいわけですね。

第4章 決算ってなんだろう？

商品コード	商品名	在庫数量	入庫予定数量	出庫予定数量	有効在庫数量	販売単価1	原単価
BC8-76042	両面ホワイトボード・キャスター付 1900×556×1800mm	47	0	0	47	14,890	14,890
BC8-3900	オフィス・モイスチャライザー（加湿器）	55	0	0	55	25,500	23,611
BC8-3955	オフィス・エアーWクリーン（空気清浄器）	44	0	0	44	55,800	55,800
BC8-73900	オフィス・モイスチャライザー用交換フィルタ	41	0	0	41	2,890	2,890
BC8-73955	オフィス・エアーWクリーン用取替フィルタ	19	0	0	19	4,200	3,889
合計		5件 206	0	0	206		

> 入庫データは商品を仕入れたとき，出庫データは商品を売り上げたときにそれぞれ会計処理もされているから，期末帳簿残高もあえて計算する必要がないんだ。

> これと，実地棚卸の結果を合わせて見ればいいということですね。

帳簿と実地を比べて棚卸減耗を把握しよう

　帳簿上の残高がわかったら，現物を数えて出した実地棚卸と比較をします。これは「**決算整理仕訳**」にあたりますね。

> データ上は，商品Aは在庫が100個。でも，さっき数えたら98個しかありませんでした。どこにいっちゃったんだろう？

> 出荷時の入力ミスや記帳せずに廃棄してしまったケースなどもあるから，少しの誤差はしょうがないよね。

> 決算整理は，下記のように計算して，差額は「**棚卸減耗費**」で，計上するんでしたよね？

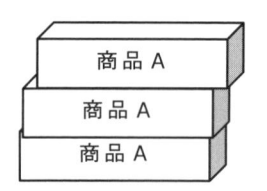

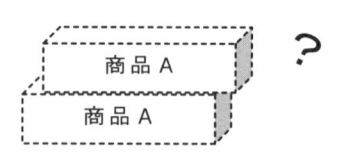

180

3 期末に在庫を整理整頓 ―棚卸資産の評価―

$$(帳簿残高－実地棚卸)×払出単価$$

商品の管理をしていない場合

　小規模な会社においては，在庫について期中に受入れや払出しを記帳していないケースもあります。その場合には，「**最終仕入原価法**」という方法が実務では用いられます。

> 最終仕入原価法は，文字どおり**期末の直近に仕入れたときの仕入単価**を期末棚卸資産の評価額として用いる方法なんだ。この方法であれば，下記のように期末の在庫数がわかれば「期末棚卸高」が計算できるよ。

$$期末商品棚卸高＝最終仕入単価×期末在庫数$$

> これは楽な方法ですね！　実地棚卸したときの「棚卸明細表」があれば計算できるということですね。

> でも，これだと**棚卸減耗が把握できない**んだ。だから，あくまでも**小規模な事業者向け**の例外的な措置ととらえるべきだよ。

≪実務のポイント！≫
- ☑商品管理はシステム化されていることが多く，帳簿残高はすぐ出る。
- ☑実地棚卸と帳簿残高の差額が棚卸減耗損。
- ☑払出の管理をしていないときは，最終仕入原価法を使う。

4 決まりが多い償却計算
―減価償却費の計上―

決算のお手伝いをしようと固定資産台帳を確認するケイコさん。
会社の中にある固定資産は数が多く，すべてあるのか確認するのも大変。
「固定資産って管理が大変っていうけど，こういうことなのね」

> ケイコさん，台帳に載っている**固定資産**は全部ありそう？

> はい，今，各部署に確認を取ったのですが，廃棄などはなさそうです。

> いよいよ，**減価償却費**を計上するよ。簿記で勉強したよね？

> はい。**定額法**と**定率法**どちらで計算するんですか？

固定資産の2つの償却方法

　決算整理の花形，といえば「**減価償却**」を思い出す人も多いのではないでしょうか？

　第3章で確認したように，**長期に渡って使用する固定資産**は，購入時に一度に費用とせず，価値の減少分を見積もり，毎年少しずつ費用化していく減価償却の手続きが必要でした。簿記で勉強した2つの減価償却のやり方を確認していきましょう。

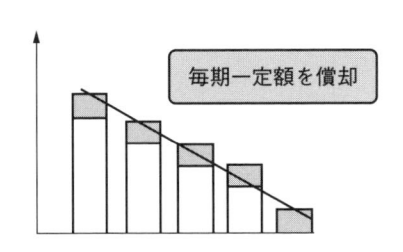

4 決まりが多い償却計算 ―減価償却費の計上―

定額法

毎期一定額を償却

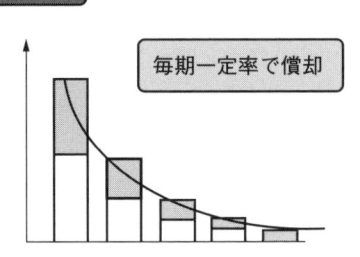

定率法

毎期一定率で償却

定額法が**毎期一定額**を償却していくのに対し，定率法は**毎期一定率**を償却していく方法だね。

「取得価額」「耐用年数」「残存価額」から計算しますよね。

簿記とは違う，減価償却の計算

減価償却費は，簿記では一定の算式に則り計算しました。しかし，実務では算式が少しだけ異なります。実務では，**法人税**の計算上決められた償却率を用いた計算式で計算しないといけないからです。

≪定額法≫

（簿記の学習上の算式）　　取得価額×0.9÷耐用年数

定額法は，残存価額10%を残して残り部分を毎期同じ金額で償却するやり方ですね。残存価額として10%残さないといけないので，「÷0.9」します。

（実務上の算式）　　取得価額×定額法償却率

183

第4章　決算ってなんだろう？

> 実務では，備忘価額（びぼうかがく）1円を残して，すべて償却できるようになっているんだ。だから，0.9で割らなくていいんだね。また，耐用年数ごとに**償却率**が決められていて，**償却率表**の率を乗じて計算するよ。

≪定率法≫

（簿記の学習上の算式）　　（取得価額－減価償却累計額）×償却率

> 定率法は，毎期一定率で償却します。だから，始めの方で償却される金額が大きく，年数が経てば償却も少なくなっていきます。

（実務上の算式）　　（取得価額－減価償却累計額）×定率法償却率

> 定率法も実務では，決められた**償却率表の償却率**を使って計算していくよ。定額法同様に，備忘価額として1円を残しておくよ。

耐用年数と償却方法の選定

ところで，簿記の問題では，**耐用年数**が与えられましたが，耐用年数はどのように決めるのでしょうか？　実はこれも**資産の種類や用途**ごとに**法定耐用年数**が定められています。

そのため，固定資産台帳に資産を計上する際は，この法定耐用年数のうちどれに当てはまるのかを，**耐用年数表**の中から探して選定しなければならないのです。

一例をあげると次のようになります。

4 決まりが多い償却計算 ―減価償却費の計上―

構造・用途	細目	耐用年数
事務機器, 通信機器	謄写機器,タイプライター 　孔版印刷・印刷業用のもの 　その他のもの 電子計算機 　パーソナルコンピュータ（サーバ用のものを除く。） 　その他のもの 複写機,計算機（電子計算機を除く。),金銭登録機, タイムレコーダーその他これらに類するもの その他の事務機器	 3 5 4 5 5 5

「電子計算機」ってなんですか？

実は「パソコン」のこと。「複写機」はコピー機。

なんだか難しいですね…それに「○○を除く」とか，結局どれになるのかすごくわかりづらいです。

そうだよね。ただ，これを間違えてしまうと，計算される減価償却費を間違えてしまうから，慎重に選ばないといけないんだ。それから，定額法と定率法のどちらを使うかも法律で決められているよ。

　定額法と定率法では，その年に計上する減価償却費の金額が異なります。どちらを使うかは，簿記の世界では，会社ごとに自由に選択できます。しかし，実務では，特別な書類を税務署に出していない限り，償却方法は資産ごとに**法定**で決められたものを使わなければなりません。これを「**法定償却方法**」といいます。具体的には次のとおりです。

第4章 決算ってなんだろう？

建物，建物附属設備，構築物※	定額法
車両運搬具，工具器具備品	定率法
無形固定資産	定額法

※平成 28 年 4 月 1 日以後取得のもの

≪計算してみよう！≫

当期の 12 月 2 日にパソコン（法定耐用年数 4 年）1 台を 200,000 円で購入し，同日から業務の用に供している。会計期間は，4 月 1 日から翌年 3 月 31 日まで。

※ 耐用年数 4 年の償却率：定額法 0.250　定率法 0.625（法定償却方法を使用）

$$200,000 円 \times 0.625 \times \frac{4}{12} = 41,666 円$$

パソコンは**工具器具備品**なので，法定償却方法は定率法。耐用年数 4 年の法定償却率0.625を使って求めるよ。

期中で購入したり，売却したり，使用期間が 1 年でない場合には**月数按分**が入るので注意です。

実務では，償却費の計算もソフトで行うので，固定資産台帳に間違いなく登録できていれば，計算は間違うことはないよ。

償却費の計算が終わったら，以下の仕訳を計上します。

≪減価償却費の計上≫

直接法：（借）減 価 償 却 費	41,666	（貸）工 具 器 具 備 品	41,666

間接法：（借）減 価 償 却 費	41,666	（貸）減価償却累計額	41,666

4　決まりが多い償却計算　―減価償却費の計上―

> 直接法と間接法の違いは，取得価額を帳簿上わかるように残しておくかどうかだったね？
> 償却費の計上ができたら，必ず帳簿残高と固定資産台帳の内容が合っているかも確認しよう。

≪実務のポイント！≫
- ☑減価償却の算式は簿記と少し異なる。
- ☑償却率や耐用年数，償却方法などは法律で決められたものを使う。
- ☑年の途中で取得したり，売却したときは月数按分する。
- ☑固定資産台帳への登録が間違いなければ計算は間違えない。

コラム9　特殊な減価償却資産の取扱い

　固定資産の減価償却は，金額が大きいこともあり，さまざまな注意点があります。ここでは，固定資産の特殊な取扱いについて見ていきましょう。

≪資産に計上するべきか？≫

　固定資産の購入時に気を付けるポイントは，「**そもそも資産として計上すべきかどうか？**」という点です。前述のとおり，取得価額10万円以上（繰延資産であれば20万円以上）が1つの基準となりますが，税法の定める基準を満たしていればこれ以上の高額資産も購入日の経費として計上することができたり，償却を早めたりすることができるのです。

　具体的に見ていくと…

≪一括償却資産≫

　取得価額**10万円以上20万円未満**の資産につき，**売却等に関わらず**3年間の均等償却とする方法です。

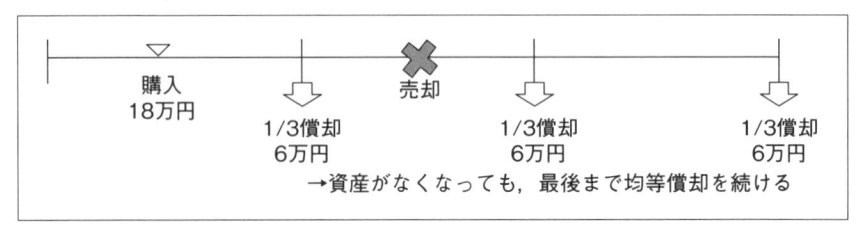

```
    ▽                ✗
   購入              売却
  18万円      ⇩              ⇩              ⇩
           1/3償却         1/3償却         1/3償却
            6万円           6万円           6万円
           →資産がなくなっても，最後まで均等償却を続ける
```

≪中小企業者等の少額減価償却資産の取得価額の損金算入の特例≫

　次の要件に当てはまる場合に，**取得価額の全額を費用とする**ことができる特例です。

---
① 青色申告を行う中小企業者等（概ね資本金1億円以下の事業者）である。
② 取得価額30万円未満の資産である。
③ 1事業年度における該当資産の取得価額の合計額が300万円以内である。
---

4 決まりが多い償却計算 ―減価償却費の計上―

≪特別償却≫

機械装置などで，初年度に**通常の減価償却費以上**に償却できる資産があります。

これは，**国の政策**として購入を勧めている資産です。これらは購入するための**補助金**が支給される代わりに，費用に計上できる償却費を多くしているのです。その結果，税金の負担を減らす効果があるというわけです。

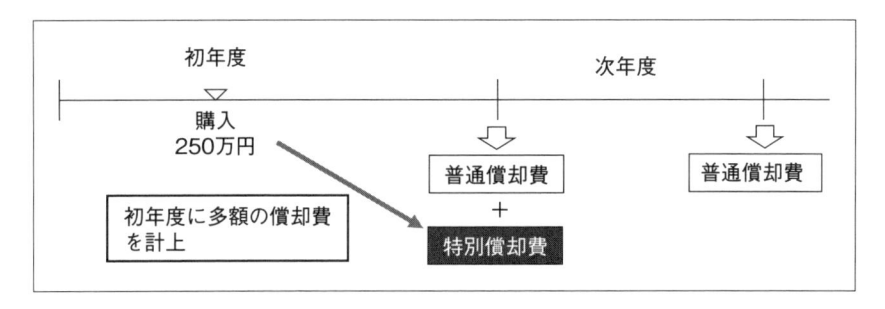

```
         初年度                    次年度
           ▽                 ▽              ▽
   ──────┬─────────────┬──────────────┬──────
         購入                    普通償却費         普通償却費
        250万円                    ＋
   ┌──────────┐          特別償却費
   │初年度に多額の償却費│
   │を計上     │
   └──────────┘
```

≪繰延資産の任意償却≫

創立費や開業費などの**会社法で定められている繰延資産**は，法人税の計算において「**任意償却**」が認められています。任意償却とは，取得価額の範囲内で，好きな年に好きなだけ償却費を計上してよいということです。

つまり，初年度で全額償却してもよいし，5年，10年かけて減価償却してもよいということです。

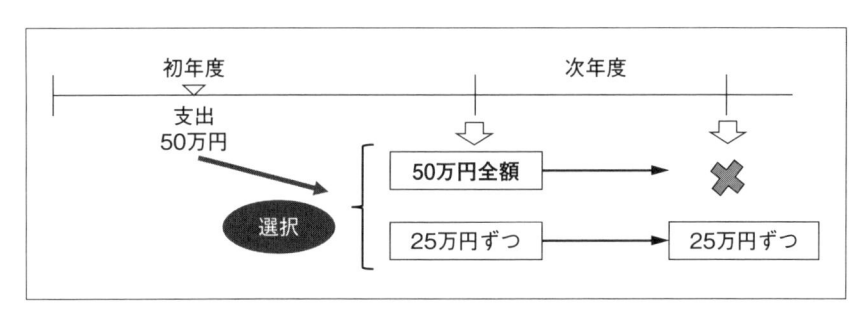

```
         初年度                    次年度
           ▽                 ▽              ▽
   ──────┬─────────────┬──────────────┬──────
         支出            ┌─ 50万円全額 ──────→ ✕
        50万円   選択 ─┤
                       └─ 25万円ずつ ─────→ 25万円ずつ
```

このような特殊な減価償却費の計算を活用すると法人税などの負担が少なくなることから，プラスαの知識として押さえておくとよいでしょう。

第4章 決算ってなんだろう？

5 回収できるかできないか，それが問題
―貸倒引当金の計上―

取引先からの残高確認書が続々と届いています。
売掛金の管理をしていると1件だけ気になる会社がありました。その会社の売掛金の残高は1年間まったく変わっていません。
「こういうのが不良債権っていうのかしら？」

> 先輩，○○物産の売掛金なんですが，これはどうして入金していないんでしょう？ 残高確認表の回答も来ないみたいです。

> ああ，そこは財務内容が悪いからね。倒産間近だという噂もあるし…

> そうなんですね！ 貸倒れになるんですか？

> まだ正式に貸倒れてはいないから，貸倒引当金を計上するだけだよ。

貸倒れとはどういう状況か？

売掛金などの金銭債権が貸倒れてしまった場合，「**貸倒損失**」を計上します。仕訳は，こんな感じでしたね？

| （借）貸倒損失 | 300,000 | （貸）売　掛　金 | 300,000 |

では，実際に「貸倒れ」とはどういう状況なのでしょうか？

5 回収できるかできないか，それが問題 —貸倒引当金の計上—

> 簿記の本には，貸倒れたときの処理は書いてあるのですが，どういうことかということは書いてないですね。

> そうだね。会計処理はそんなに難しい話じゃないけど，実務で重要なのは，「貸倒れているのか？」を判断することだよ。

貸倒れとは，「**法律上債権の回収ができないことが確定されたこと**」です。そのため，単に「何カ月も回収できない」というだけでは，貸倒れにできないのです。

> 法律上，というのは，たとえば**会社更生法**の適用を受けたり，**民事再生**の対象となったりなど，相手の会社が法律上「**倒産**」といわれる状態になったときだけなんd。だから，めったに起こることじゃないよ。

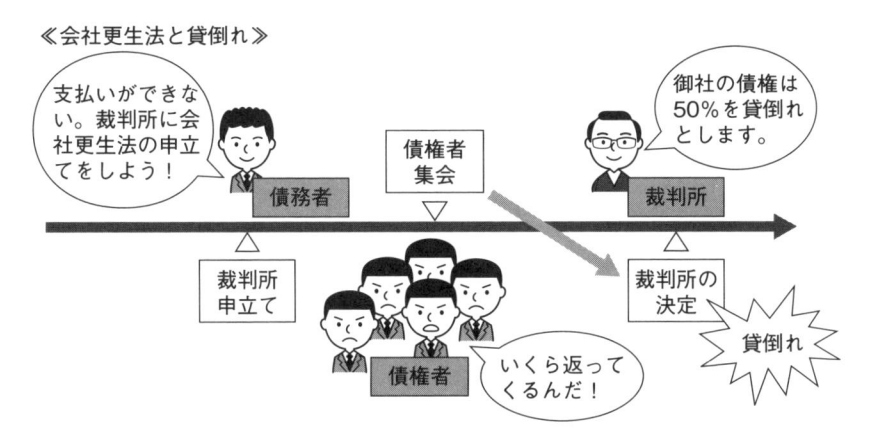

≪会社更生法と貸倒れ≫

- 支払いができない。裁判所に会社更生法の申立てをしよう！ — 債務者
- 裁判所申立て
- 債権者集会 / 債権者 / いくら返ってくるんだ！
- 御社の債権は50%を貸倒れとします。— 裁判所
- 裁判所の決定 → 貸倒れ

> 上の図は裁判所が50%の貸倒れの決定をしたから，法的に貸倒れが確定したということですね。確かにこれはハードルが高そうです。

> 裁判所の決定以外にも，税法で決められた基準などもあるけど，貸倒損失は**そんなに簡単に認められるものではない**と思っておいた方がいいよ。

第4章　決算ってなんだろう？

貸倒れる前に前倒しで費用計上

　貸倒損失はあくまでも貸倒れが実際に起きてから計上する費用です。しかし，回収の見込みが立たないような「**不良債権**」もあります。

　また，過去の実績から債権の総額のうち1％程度は貸倒れとなってしまうなら，当期末の債権のうち，「1％は貸倒れる危険性がある」といってもよいでしょう。

　このような，「**将来に起こり得る損失**」を，先に費用計上しておくのが引当金です。

> 貸倒引当金って，損失が確定していないのに費用計上できるんですよね？　それって大丈夫なんですか？

> もちろん，本来はダメなんだけどあえて認めているからにはそれなりに計上根拠や金額に妥当性がないといけないんだ。

≪貸倒引当金計上の要件≫
① 将来の費用又は損失である
② 発生の原因が当期以前にある
③ 発生の可能性が高い
④ 金額が合理的に算定できる

> この要件を満たさないと計上できないから注意！

> 具体的には，どう算定するんですか？

> 不良債権のように，**個別に評価額を見積もる**ケースと，普通の債権みたいに，**過去の実績率でまとめて算定する**ものもあるんだ。

5 回収できるかできないか，それが問題 ―貸倒引当金の計上―

貸倒引当金の種類

貸倒引当金は，貸倒れの可能性の高さにより，計上方法や金額が異なります。

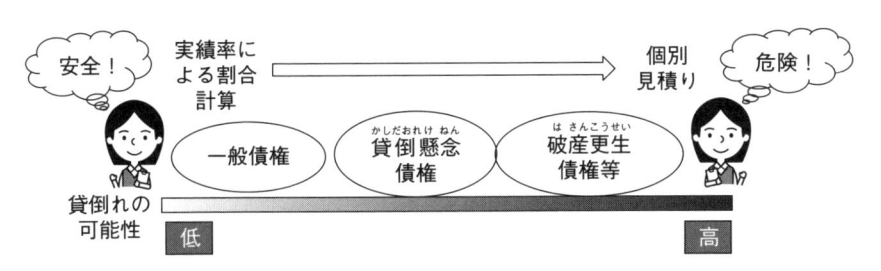

```
安全！          実績率に                              個別        危険！
               よる割合                              見積り
               計算
                        一般債権    貸倒懸念    破産更生
                                    債権        債権等
貸倒れの
可能性         低                                    高
```

貸倒引当金は，債権を1社ずつ評価して，分類していかないといけないから，金額計算までは大変な作業だけど，そこまでできれば，**処理は簿記で勉強したとおり**だよ。

貸倒引当金の計上は？

貸倒引当金の計上は，以下の仕訳で行います。

(借) 貸倒引当金繰入	500,000	(貸) 貸倒引当金	500,000

「**貸倒引当金繰入**」は費用の科目。貸倒損失が出る前に前もって費用に計上しているんだったよね。「**貸倒引当金**」は，**資産のマイナス科目**。
「減価償却累計額」なんかと同じ意味を持つよ。

資産のマイナス？

そう。債権の金額から貸倒引当金を引いた金額が，**債権の評価額**なんだ。たとえば，50万円の債権でも，50％しか回収の見込みがなかったら，25万円が実際に回収できる金額だよね？　それを，貸借対照表でわかるようにするために計上しているんだ。

193

第4章　決算ってなんだろう？

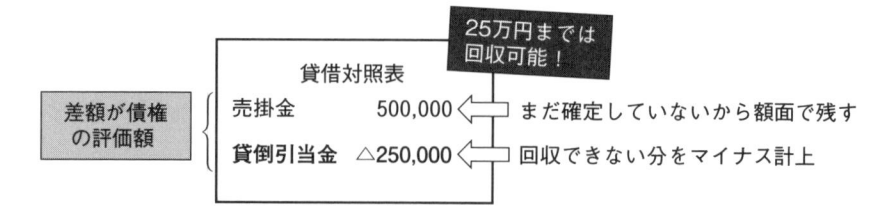

```
                              ┌─────────────┐
                              │25万円までは │
                              │回収可能！   │
                              └─────────────┘
                   貸借対照表         ↑
┌──────────┐  ┌ 売掛金      500,000 ← まだ確定していないから額面で残す
│差額が債権│  │
│の評価額  │  └ 貸倒引当金  △250,000 ← 回収できない分をマイナス計上
└──────────┘
```

実際に貸倒れが起きたときは，引当金を取り崩します。

（借）貸倒引当金　250,000 ／（貸）売　掛　金　250,000

💬 ここまでが期中仕訳。

（決算整理仕訳）

≪洗替法≫
（借）貸倒引当金　250,000　　（貸）貸倒引当金戻入　250,000
　　　貸倒引当金繰入　300,000　　　　貸倒引当金　　　300,000

≪差額補充法≫
　　　貸倒引当金繰入　50,000　／　　貸倒引当金　　　50,000

💬 洗替法と差額補充法はどちらかを選択。

≪実務のポイント！≫
☑ 貸倒損失はかなりの異常事態である。
☑ 貸倒引当金計上の作業は債権の評価。債権を分類して計上金額を算定する。
☑ 仕訳処理は簿記の勉強と同じ。

6 期をまたぐときどうするの？
―見越し・繰延べ―

> 「ケイコさん，社宅の家賃の契約書，確認して，前払計上しておいてね」
> 計山部長からいわれたケイコさんですが，契約書を前に何やら考え込んでいます。
> 「前払いって，経過勘定ってやつ？」

> 家賃の確認をしてくれているんだって？ さっき，部長から聞いたんだけど。

> はい，契約書を確認して前払いを計上しといてって部長が。あの，これって**経過勘定**ってやつですよね？ 簿記で勉強した気がします。

> そうだよ。正式には「**前払費用**」。経過勘定の計上の仕方はわかる？

> うーん，期をまたぐものでしたよね？ どれが該当するのかといわれると，正直なところわからないです。

経過勘定って，そもそもなんだ？

簿記の勉強のなかでも苦手にしていた人も多い経過勘定。みなさんは，どういう取引か覚えていますか？ 特殊な作業に思えますが，実はこの作業，どの会社でもたいてい**決算整理**として行わなければならない，実務においては頻出の作業なんです。

経過勘定は，簡単にいうと，「**入金（支払）と取引の完了の間で期をまたぐ取引**」です。

第4章 決算ってなんだろう？

≪1年更新の家賃の受取り≫

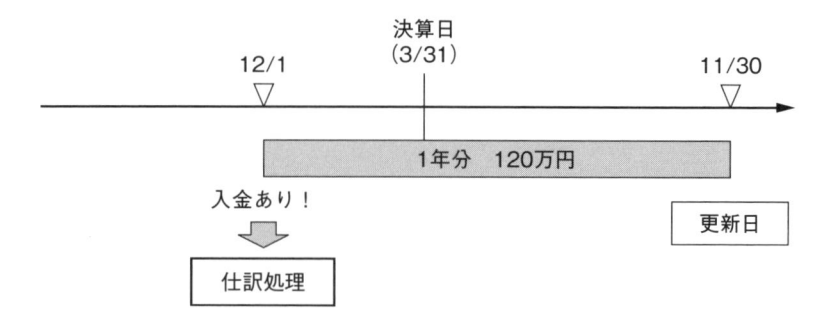

```
         12/1      決算日
          ▽      (3/31)              11/30
          ────────┼──────────────────▽────→
                  │
              ┌───────────────────────┐
              │   1年分   120万円      │
              └───────────────────────┘
          入金あり！                    ┌──────┐
            ↓                          │ 更新日 │
          ┌──────┐                    └──────┘
          │仕訳処理│
          └──────┘
```

たとえば，この1年更新の家賃は，12/1に1年分をすべてもらっているけど，その仕訳処理は，どうなっている？

現金が増えているわけだから，当然仕訳はしていますよね。「（借）普通預金1,200,000／（貸）受取家賃1,200,000」になります。

当期の収益として12カ月分計上されているよね。でも，契約自体は来期になっても11/30までは続くわけだから，「**全部当期の収益として入れてもいいのか？**」という問題が生じるんだ。

なるほど，収入は計上しないといけないし，でも当期の分ではないものもあるし，収入が先に起きてしまうと問題ですね。

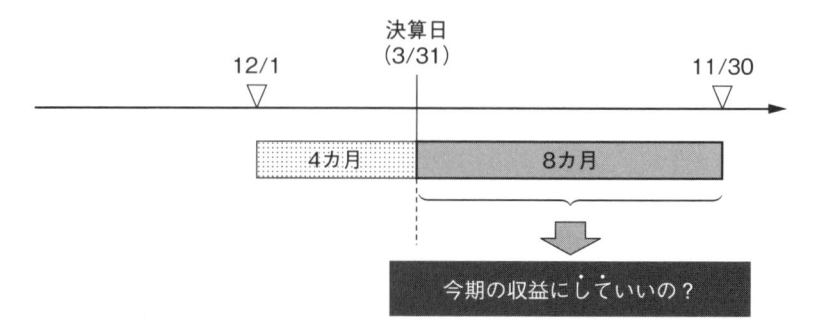

```
                   決算日
         12/1     (3/31)              11/30
          ▽        ▽                   ▽
          ────────────────────────────────→
              ┌─────┬──────────────────┐
              │4カ月 │     8カ月         │
              └─────┴──────────────────┘
                         ↓
                  ┌──────────────────┐
                  │ 今期の収益にしていいの？│
                  └──────────────────┘
```

6 期をまたぐときどうするの？ —見越し・繰延べ—

収入が後でも問題はある

　期をまたいだ取引があると，受取りの事実と損益の割振りが合わないということは，**まだ受け取ってない**収入でも問題が出てきます。

≪1年後に返済予定の貸付金利息≫

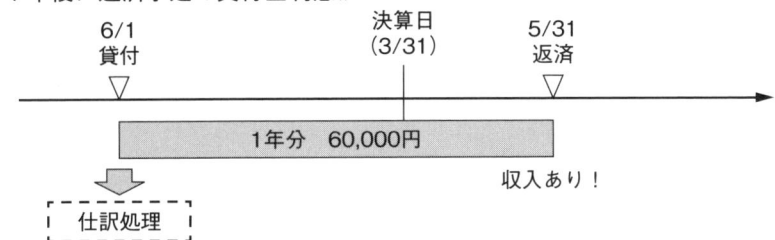

```
6/1          決算日         5/31
貸付         (3/31)        返済
 ▽            |             ▽
─────────────┼────────────────→
    [  1年分  60,000円  ]
                       収入あり！
  ↓
[ 仕訳処理 ]
```

> 1年後に返済予定の貸付金の利息を返済時に元本と一緒に受け取ることになっているとするよ。当期の仕訳はどうなっている？

> 当期はまだ入金されていないから，**現金や預金は動いていない**し，利息についての仕訳は計上されてないですね。

> でも，この利息のうち6/1から3/31までは，**当期の期間**だから，この部分に係る利息を計上しなくてもいいの？ という問題が生じるんだ。

> なるほど，入金が後からでも問題があるんですね。

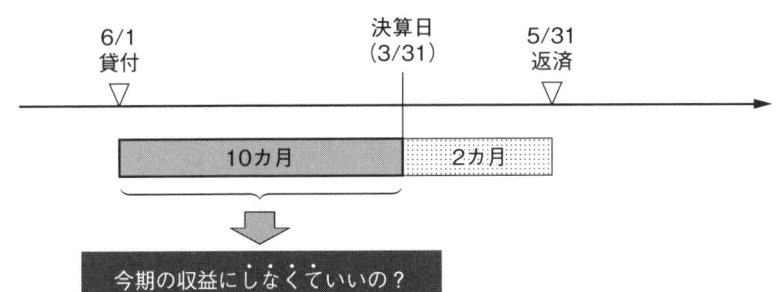

```
6/1          決算日         5/31
貸付         (3/31)        返済
 ▽            |             ▽
─────────────┼────────────────→
    [  10カ月  ][ 2カ月 ]
         ↓
   [ 今期の収益にしなくていいの？ ]
```

第4章 決算ってなんだろう？

経過勘定の種類と仕訳

　こういった期をまたいだ収益について，当期にかかる期間の分を調整する役割が「**経過勘定**」です。決算整理仕訳の意味でも学習したように，**当期の損益に該当しない部分を資産，負債で計上**します。

　たとえば，家賃の取引ですが，翌期の8カ月分は当期の収益からマイナスしないといけません。したがって，借方に「受取家賃」。残りは当期の損益にならないのだから，負債として計上します。このときに使用する科目が「**前受収益**」という経過勘定なのです。

≪家賃の仕訳≫

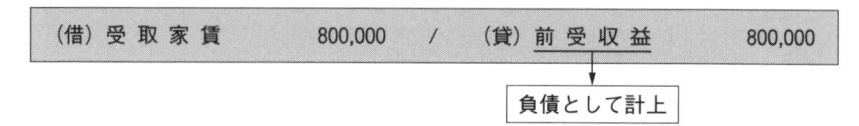

| （借）受 取 家 賃 | 800,000 | / | （貸）前 受 収 益 | 800,000 |

　　　　　　　　　　　　　　　　　　　　　↓
　　　　　　　　　　　　　　　　　　負債として計上

> 先にお金をもらっているのに，収益は計上されない部分。だから，「**預り金**」のような性質で，負債になるよ。

> 利息の方は，今期に計上する分をもらっていないから，**未収金**みたいな状態になっているということですね。

≪利息の仕訳≫

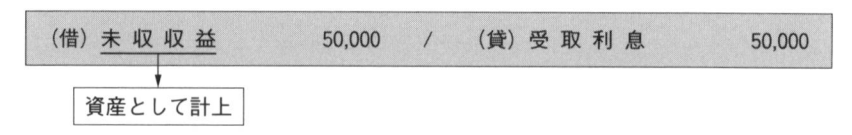

| （借）未 収 収 益 | 50,000 | / | （貸）受 取 利 息 | 50,000 |

↓
資産として計上

> まだもらっていないから「**未収収益**」。資産の科目だね。経過勘定は，このほかに費用の支払いのケースもあるから**全部で4パターン**。

198

6 期をまたぐときどうするの？ —見越し・繰延べ—

> 当期に入出金が完了している取引の一部を当期に計上しないのが「**繰延べ**」計上，入出金がないものの一部を当期に計上するのが「**見越し**」計上ですね。

科目	分類	当期	翌期	使用例
前受収益	負債	入金あり	繰延べ	前家賃の受取り
未収収益	資産	見越し	入金あり	後払い利息の受取り
前払費用	資産	支払いあり	繰延べ	前家賃の支払い
未払費用	負債	見越し	支払いあり	後払い利息の支払い

> 経過勘定は，「**継続した役務の提供（サービス）**」にのみ使われることになっているので，1回の取引が期末までに終わった，終わっていないという話とは意味が違うから注意してね。

> たとえば，修繕費のような単発の取引の場合，作業が完了していなければ，当期の損益に影響させる必要はないということですよね。
> こういう場合には，「前払金」とか「未払金」ですね。

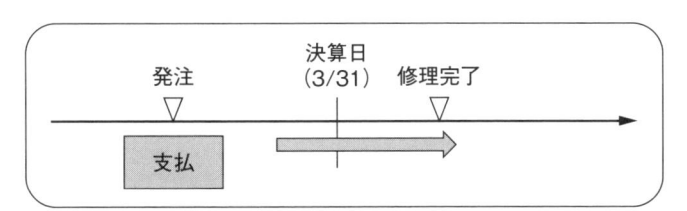

≪実務のポイント！≫
☑ 年をまたがる収益や費用は，経過勘定を使って当期の損益に入れる部分と除く部分に分けないといけない。
☑ 経過勘定は収益と費用，支払済か未払かで4パターン。未払金や前払金との違いに注意。

7 決算の総仕上げ，税金の計算
—消費税・法人税等の処理—

決算整理も終わり，いよいよ当期の損益が確定するようです。経理の作業もいよいよ大詰めです。
「あと，税金計算で終わりです」オサム先輩は，まだまだ忙しそうに走り回っています。

> 決算整理が終わったから，もうこれで決算業務は終わりですか？

> 今，僕がやっている**税金の計算**が終わらないと締められないよ。

> 税金ってなんの税金ですか？

> **消費税**と**法人税**とかだね。消費税のチェックを手伝ってもらえる？

消費税の計算は期中にすべて終わっている？？

会社が決算期に申告する税金には「**消費税**」と「**法人税等**」があります。「法人税等」とは，国の税金である「**法人税**」と地方自治体に納める「**事業税**」と「**住民税**」のことです。法人税等は，**会社の利益に対して課税される税金なので**，その計算は決算整理が終わり，**利益が確定した後**に行います。法人税等を引く前の利益を「**税引前利益**」，引いた後の利益を「**税引後利益**」といういい方をするときもあります。税引後利益は「**当期純利益**」のことですね。では，消費税は，どの段階で計算されるのでしょうか？

7 決算の総仕上げ，税金の計算 —消費税・法人税等の処理—

> 消費税は，実は決算整理が終わった段階で計算されているんだよ！

> え？　いつ計算してたんですか？

期中仕訳と消費税の分類

　第1章でも確認したように，会計ソフトを使った仕訳入力をする際には，取引の入力時に**消費税の分類**も入力していきます。消費税は，各取引について預かったり，支払ったりした消費税を精算して支払うだけなので，取引入力の際に消費税の入力が正しく行われていれば，ソフトの集計機能を使って税額計算ができてしまうのです。

≪消費税の計算≫

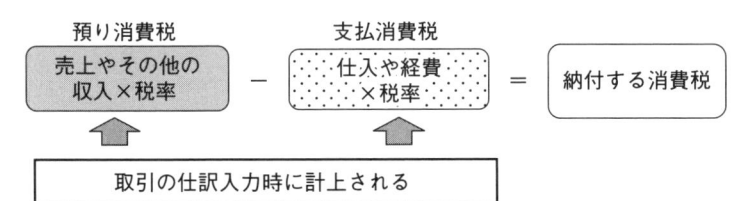

預り消費税　　　　　　　支払消費税
売上やその他の　　ー　　仕入や経費　　＝　納付する消費税
収入×税率　　　　　　　　×税率

　　　　　　取引の仕訳入力時に計上される

> 前に話したように，期中の取引の中でも，消費税の**対象になる取引とならない取引**があるから，仕訳を入力する際にこれらを分類しないといけないんだ。

> 仕訳入力のときに，入力しているコードのようなものがその分類なんですね。

#	借方科目　補助科目 借方部門 借方税区分	借方金額 消費税 税表記	貸方科目　補助科目 貸方部門 貸方税区分	貸方金額 消費税 税表記	摘要 プロジェクト セグメント1　セグメント2	社員 期日
1	水道光熱費	2,500	現金	2,500	電気料金	
		180		0		
	仕入課税(課税売)(8%) ▼	内税 ▼	▼	▼		

201

第4章 決算ってなんだろう？

> 以前学んだ取引分類の内容をよく思い出してね。

> だいたいのものに消費税がかかるけど，かからないものを押さえておかないといけないんですね。

> 簿記で勉強したものと少し違って，税法の基準による税額の計算は**売上や仕入の総額**に税率をかけて計算されるから，「仮払消費税」や「仮受消費税」の合計をそのまま支払うわけじゃないんだよ。
> だから，税抜経理の場合，消費税の精算の仕訳には必ず数百円程度の誤差が生じるので，これは「**雑収入**」で計上するよ。

```
【税抜経理の場合】
    (借) 仮受消費税      800,000  |  (貸) 仮払消費税      600,000
                                        未払消費税      199,800
                                        雑 収 入            200
```

> 税込経理の場合には，**租税公課**で計上ですね。

```
【税込経理の場合】
    (借) 租 税 公 課      199,800  /  (貸) 未払消費税      199,800
```

当期の利益を元に法人税等を計算

消費税の計算が終わったら利益が確定するので，最後に法人税等の計算を行います。

法人税等の納付は，**事業年度終了後2カ月以内**に申告書を提出し，行います。計算した税額は，「**法人税等**」という科目で費用計上します。

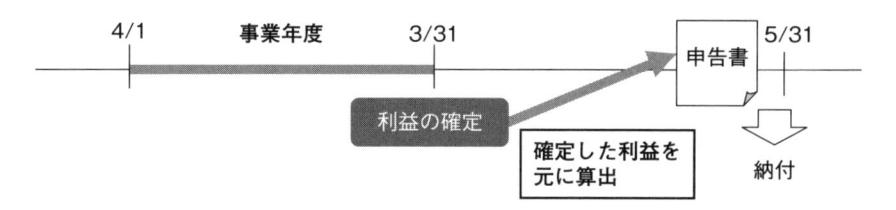

7 決算の総仕上げ，税金の計算 ―消費税・法人税等の処理―

```
 4/1      事業年度      3/31           5/31
 |―――――――――――――――|      申告書  |
                              ↗    ↓
                     利益の確定   納付
                           確定した利益を
                           元に算出
```

> 期末までに支払いが終わっていないのに計上するんですよね。**費用の未払い**ということですか？

> そのとおり。でも，法人税等の未払いは，「未払金」とは区別して「**未払法人税等**」という科目で計上するよ。

【法人税等の計上】

| (借) 法 人 税 等 | 400,000 | / | (貸) 未払法人税等 | 400,000 |

なお，前年の納税額に応じて，期中に中間納付を支払うことがあります。

この中間納付の支払いがある場合には，支払った時点では「**仮払法人税等**」という科目で計上しておきます。

≪中間納付額の計上≫

| (借) 仮払法人税等 | 200,000 | / | (貸) 現 金 預 金 | 200,000 |

> 中間納付額は，当期の税額の一部の前払い税金だから，**当期の税額と相殺**して計上するよ。

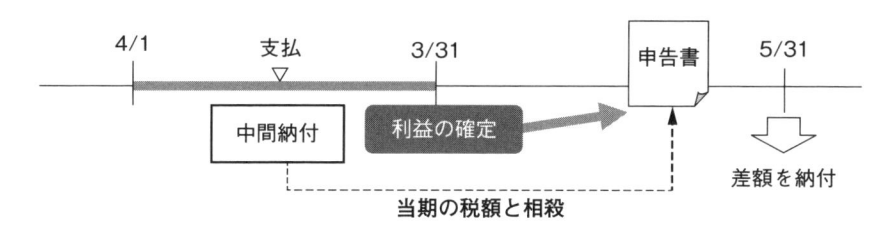

```
 4/1     支払    3/31           5/31
 |――――――▽―――――|      申告書  |
          |                   ↗    ↓
        中間納付    利益の確定   差額を納付
          └―――――――――┘
              当期の税額と相殺
```

203

≪中間納付額がある場合の法人税等の計上≫

（借）法　人　税　等	400,000	（貸）未払法人税等	200,000
		仮払法人税等	200,000

税金の計算が終われば，決算の作業も終了！　いよいよ，財務諸表を作成するよ。

≪実務のポイント！≫
☑消費税の計算は期中取引における取引の分類が重要！　分類を押さえておこう。
☑税法の基準により計算される申告税額は，仮払消費税と仮受消費税の差額との誤差があるため，「税抜経理」を行っている場合には，その誤差を雑収入で計上する。
☑法人税等は，当期の利益に対し課税される税金のため，決算の最後で計算する。

8　1年間の仕事のゴール　―決算書の作成―

税金の計算も終わり，やっと当期の損益の確定です。
オサム先輩もほっとしている様子がうかがえます。
「オサムくん，決算書持ってきて！」
計山部長がオサム先輩を呼んでいます。
「あれ？　決算書ってなんだっけ？」ケイコさんは思います。

> いよいよ決算も終わりだね，1年お疲れさま！

> 先輩，**決算書**ってなんですか？

> 簿記で勉強した「**財務諸表**」のことだよ。「貸借対照表」や「損益計算書」。実務では，「決算書」っていい方が一般的なんだ。

> そうなんですね。簿記では，「**精算表**」を作って「財務諸表」に写していったと思いますが，精算表は作らなくていいんですか？

決算の作業が終わったら決算書を作る

　簿記で学習した「**簿記一巡の手続き**」でもあるとおり，決算の最後に「財務諸表」を作成します。実務では「決算書」といういい方が一般的です。

　残高試算表のところでも確認したとおり，会計ソフトでは，期中の入力の段階で「貸借対照表」と「損益計算書」に分けて入力されていますので，「精算表」を作成する必要はありません。また，決算書自体もソフトで自動作成ができるため，あえて書き方を押さえる必要もありません。実務では，「**決算書を**

第4章 決算ってなんだろう？

読める力」の方が重要なのです。

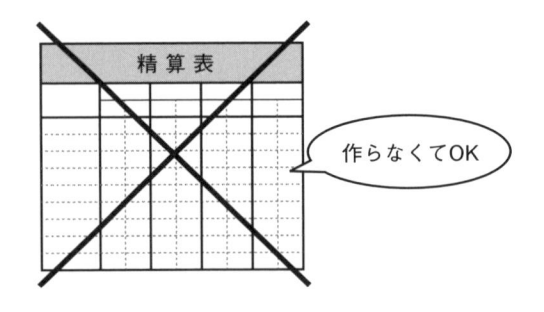

精算表 作らなくてOK

精算表は，手書きで決算書を作成するのに，仕訳や転記が間違っていないかを確認するチェック表のようなものなんだ。今のソフトは，**残高試算表がその役割を果たす**から，あえて精算表にする必要がなくなっているんだね。

昔は自分で計算しないといけないから，そういう確認のための表が必要だったんですね。ソフトができて本当に便利になったんですね。

決算書も仕訳入力したデータを自動的にフォームに振り分けて出てくるよ。でも，そのために期中仕訳で使われる勘定科目も決算書で使う表示科目に変わっていったり，徐々に簿記のルールから離れた**実務独自のルール**ができてきているんだ。

なるほど，その違いを押さえていかないといけないんですね。ところで，貸借対照表や損益計算書ってどうやって見たらいいんですか？

1年間の会社の成績表，損益計算書

　決算書のうち，当期の利益を算出する損益計算書は，会社の成績表といわれています。その内容は，会社の「**経営成績**」を表すためです。会社の Profit（利益）と Loss（損失）を並べた表であることから **P/L**（**Profit and Loss Statement**）といういい方も実務ではよく使われます。

簿記の勉強では，下記のような形式の費用と収益を左右に並べた「**勘定式**」といわれる損益計算書のフォームで学習しますが，一般的に使われるのは，当期純利益までの計算過程を上から並べた「**報告式**」と呼ばれるフォームです。

≪勘定式の損益計算書≫

損益計算書
自　平成28年1月1日　至　平成28年12月31日

○○商店　　　　　　　　　　　　　　　　　　　　　　単位：円

費　　用	金　　額	収　　益	金　　額
売 上 原 価	4,200,000	売　　上　　高	8,000,000
給　　　料	1,200,000	受 取 利 息	5,000
支 払 家 賃	600,000		
減 価 償 却 費	420,000		
雑　　　費	5,000		
固定資産売却損	250,000		
当 期 純 利 益	1,330,000		
	8,005,000		8,005,000

報告式の損益計算書のフォームで内容を確認していくよ。

第4章　決算ってなんだろう？

損益計算書	
営業損益の部	
売上高	「売上」のこと。
売上原価	「期首商品棚卸高」＋「仕入高」－「期末商品棚卸高」で算出。
売上総利益	会社の活動における最も基本的な利益。「粗利」ともいう。
販売費及び一般管理費	「広告宣伝費」などの販売のための費用や「人件費」などの管理費用等，会社の営業活動に必要な費用。
営業利益	主たる営業活動から生じた利益。
経常損益の部	
経常収益	「受取利息」など，本業以外から生じた収益。
経常費用	「支払利息」など，本業以外について生じた費用。
経常利益	財務的な損益も含めた会社の経常的な活動による利益。
特別損益の部	
特別利益	特別な要因で一時的に生じた収益
特別損失	特別な要因で一時的に生じた損失
税引前当期利益	税金の支払い前の純粋な利益
法人税・住民税及び事業税	当期の法人税等の金額
当期純利益	最終的に残った利益

> P/Lは，上から本業の損益である**「営業損益」**，本業以外も含めた毎年経常的に発生する損益である**「経常損益」**，一時的や突発的に発生した損益である**「特別損益」**の3つの区分に分かれているよ。
> 借入の返済能力を見る銀行は**経常利益**が重要だし，配当を期待する株主は特別損益まで含めた**当期純利益**が重要。使い道によって必要な数値が違うので，段階的に分けて利益を出しているんだね。

会社のストックとその調達元を並べた貸借対照表

　次に，貸借対照表を見ていきます。B/S（Balance Sheet）とも呼ばれています。貸借対照表は，会社の「財政状態」を表すものといわれています。財

208

8 1年間の仕事のゴール ―決算書の作成―

政状態とは，**お金の集め方と使い方**です。

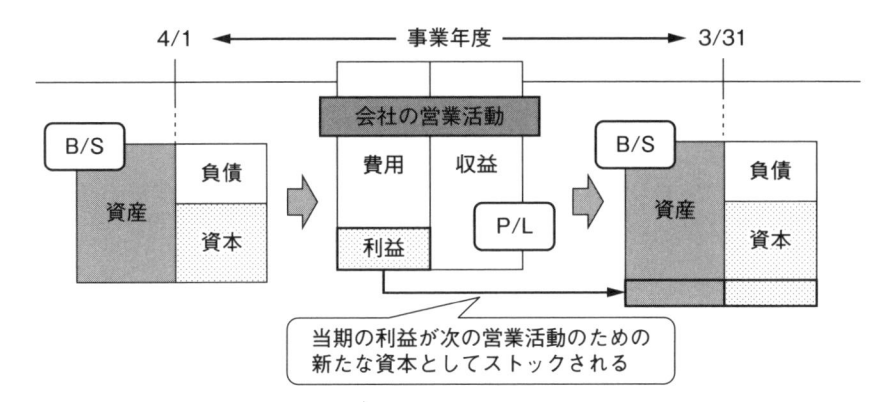

```
       4/1 ←――― 事業年度 ―――→ 3/31
              ┌──会社の営業活動──┐
    ┌B/S┐    │ 費用 │ 収益 │      ┌B/S┐
    │資産│負債│      ├―――┤      │資産│負債│
    │   │資本│ 利益 │ P/L │      │   │資本│
    └──┘    └──────┘      └──┘
              ↑ 当期の利益が次の営業活動のための
                 新たな資本としてストックされる
```

　決算整理仕訳のところでも学習したように，会社が営業活動を行っていくために株主や銀行などから集めたお金（負債や資本）をさまざまな資産として使い，**営業活動に投下**していきます。

　その営業活動の結果，増えた利益は**さらなる営業活動のための資金**としてストックされます。この一連のサイクルを繰り返す中で，貸借対照表は，**営業活動の一時点のストック**である**資産**とその**調達元**である**負債と資本**の期末日における状態を表しています。

　資産と損益は燃料と機械の関係でしたよね？

> 損益計算書がその年の会社の過去の成績を表すのに対し，貸借対照表は会社の**現時点の規模**を示す表であり，**将来を予測する表**という性質もあるんだ。

> 資本が増えれば，燃料である資産が増えるから機械である損益はどんどん稼働して，会社が発展しますものね。

> そういうこと。それから，資本が少なくても一時的に**お金を借りて**くれば営業に投下できるお金は増えるよね。だから，会社の規模の拡大には**利益を出して成長する**ということと，一時的に**お金を借りて規模を大きくする**という2つの成長が重要なんだ。

209

第4章 決算ってなんだろう？

> **負債**が増えるということですよね？ 負債が増えるのに会社が成長するんですか？

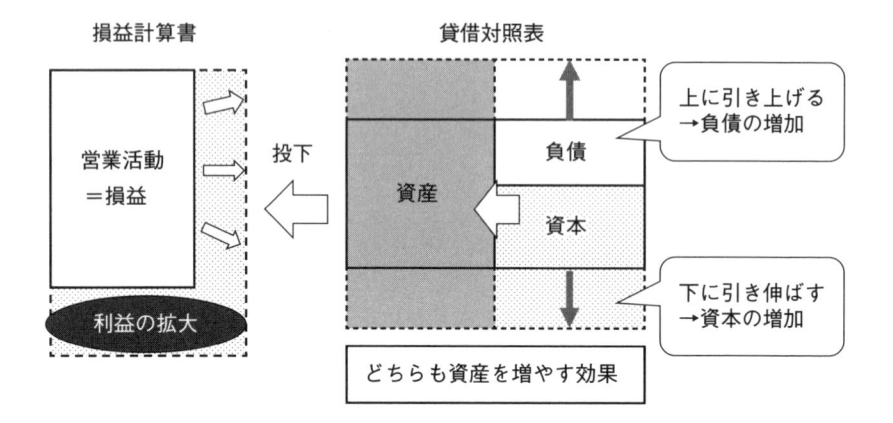

損益計算書　　　　貸借対照表

営業活動　投下　　　　　負債　　　上に引き上げる
＝損益　　　　　資産　　　　　　　→負債の増加
　　　　　　　　　　　　資本
利益の拡大　　　　　　　　　　　　下に引き伸ばす
　　　　　　　　　　　　　　　　　→資本の増加

どちらも資産を増やす効果

> 上の図をみてもらうとわかるように，**資産を増やす**には**資本を増やす**か，**負債を増やす**かという2つの方法によるよ。どちらの方法でも燃料となる資産が増えるわけだから，営業活動の規模は大きくなって，その分利益も拡大していくんだ。

> でも，負債は返さないといけないから増えるのは怖い気がします。

> そうだよね，だから，大きくするにも**負債と資本のバランス**が重要なんだ。貸借対照表はこの負債と資本のバランスが正常な範囲内にあるのかをチェックできるような構造になっているんだ。

> 貸借対照表ってすごいんですね！

8　1年間の仕事のゴール　―決算書の作成―

貸借対照表

資産の部	負債の部
Ⅰ　流動資産	Ⅰ　流動負債
現金及び預金 受取手形 売掛金　←正常営業循環基準→	支払手形 買掛金
短期貸付金	短期借入金
←一年基準→	
	Ⅱ　固定負債
	長期借入金
Ⅱ　固定資産	負債の部合計
1　有形固定資産	純資産の部
建物	資本金
車両運搬具	資本剰余金
2　無形固定資産	利益剰余金
商標権	繰越利益剰余金
3　投資その他の資産	
投資有価証券	
長期貸付金	
Ⅲ　繰延資産	
開業費	純資産の部合計
資産の部合計　←一致→	負債及び純資産の部合計

換金しやすい順に配置

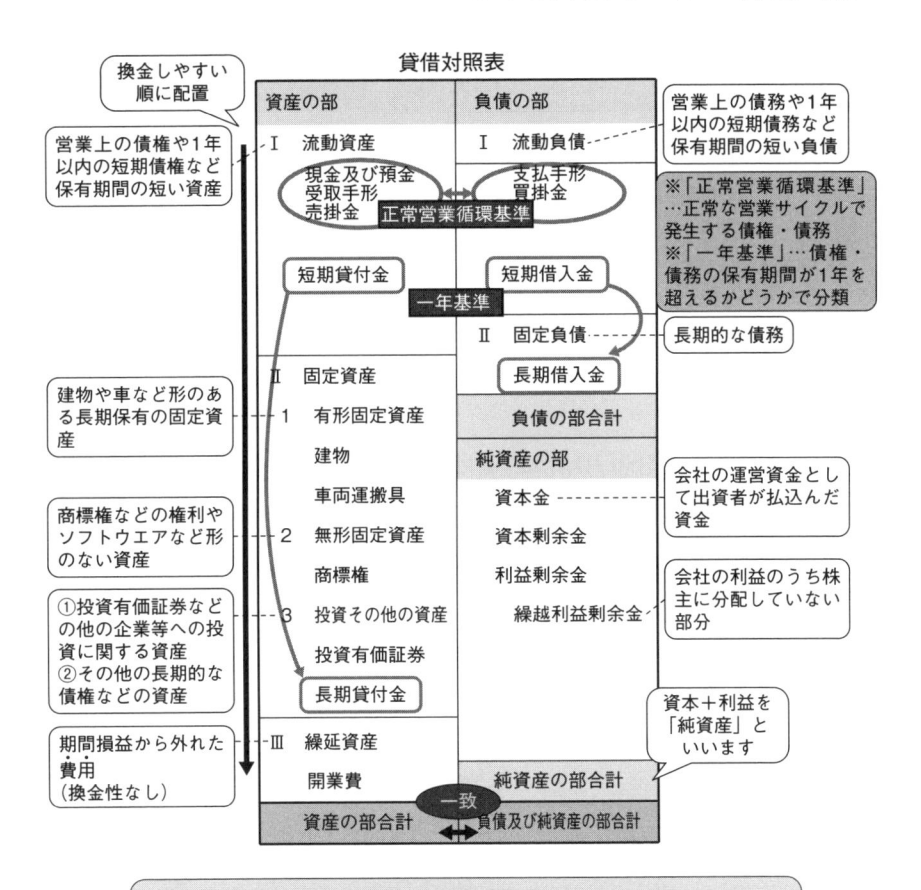

- 営業上の債権や1年以内の短期債権など保有期間の短い資産
- 建物や車など形のある長期保有の固定資産
- 商標権などの権利やソフトウエアなど形のない資産
- ①投資有価証券などの他の企業等への投資に関する資産
  ②その他の長期的な債権などの資産
- 期間損益から外れた費用（換金性なし）

- 営業上の債務や1年以内の短期債務など保有期間の短い負債
- ※「正常営業循環基準」…正常な営業サイクルで発生する債権・債務
- ※「一年基準」…債権・債務の保有期間が1年を超えるかどうかで分類
- 長期的な債務
- 会社の運営資金として出資者が払込んだ資金
- 会社の利益のうち株主に分配していない部分
- 資本＋利益を「純資産」といいます

> 貸借対照表は，資産と負債，資本（純資産）を貸借に並べているので，**両者の合計は必ず一致**するよ。
> また，営業に関する資産や負債を上に，その他の資産，負債は**換金しやすい順**に並べることで，負債と純資産の正常なバランスが保たれているかが判断しやすくなっているんだ。

≪実務のポイント！≫

☑実務では，決算整理が終わった時点で決算書は作成できている。

☑損益計算書は一会計期間の経営成績を，貸借対照表は期末の一時点の財政状態を表した表である。

第4章 決算ってなんだろう？

コラム10　決算書を見てみよう！

　決算が終わったことを，実務ではよく「**決算が締まる**」といういい方をします。これは，簿記一巡の手続きでいうところの「**勘定の締切り**」に由来します。

　会計ソフトを利用する場合には，決算整理仕訳を入力し，税金の計上が終われば，当期の利益の金額は確定します。手書き帳簿の簿記のルールでは，この後，財務諸表を作成し，**各勘定の締切り**を行うという作業がありますが，これらはすべて会計ソフトのシステム上で行われることなので，人が行う作業はありません。

　そのため，「**利益の金額が確定＝（帳簿の締切りまで含めた）決算の終了**」ということを意味し，「決算が締まる」といういい方が定着したのでしょう。

　それでは，ここで本物の「決算書」とはどういうものなのか見てみましょう。

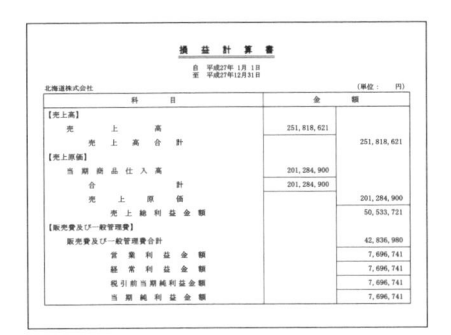

8 1年間の仕事のゴール ―決算書の作成―

　貸借対照表や損益計算書は，本文で確認したものと同じフォームですが，「販売費及び一般管理費」に関しては，損益計算書の中に明細科目を表示せず，**「販売費及び一般管理費内訳書」**として別に表を作成するのが一般的です。

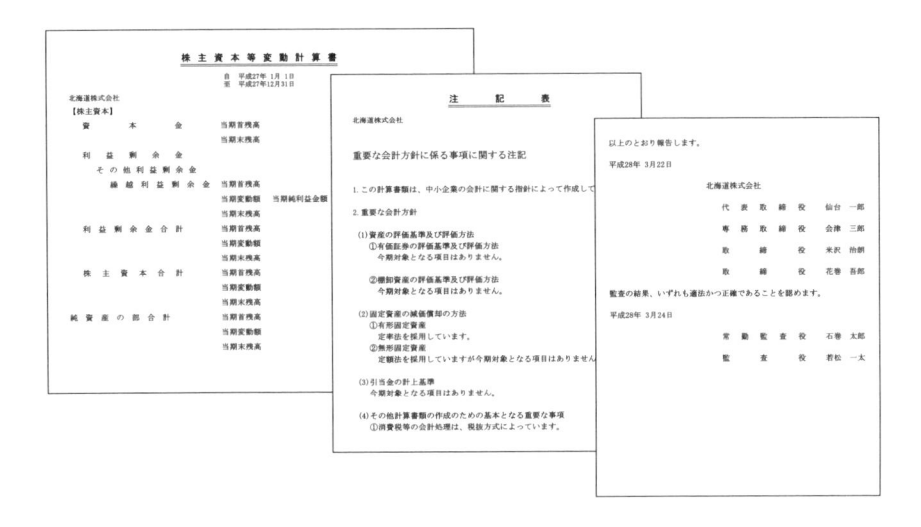

　また，このほかに純資産の期中の動きを記載した**「株主資本等変動計算書」**や貸借対照表や損益計算書の各科目に関する**「個別注記表」**，取締役会や監査役の承認を得たことを記録する**「記名押印書」**を添付します。これらをワンセットで「決算書」と呼びます。

213

第4章 決算ってなんだろう？

コラム11　財務内容を図る指標

①負債の役割

　貸借対照表は，会社の財務内容を見る表です。本文にもあるとおり，会社が営業活動を経て利益が膨らんだり，銀行などからお金を借りた際には投下できる資産が増え，**企業の活動規模**が大きくなっていきます。

　両者のうち，利益を出して資産を増やすことは「**毎月のお給料を節約して少しずつ貯めた貯金で買い物をすること**」です。これに対し，銀行などからお金を借りることは「**クレジットカードで買い物をすること**」に該当します。

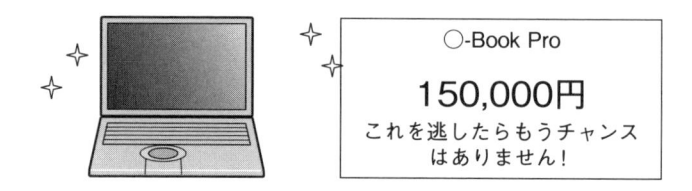

　例えば，いつか購入しようと思っていたパソコンが，「今じゃないともう買えない」という状況だったとします。貯金はまだぜんぜん足りません。

　普段クレジットカードは使わないという人でも，こういった「**どうしても今この一時点だけ手元に現金がないと困る**」という状況を体験したことがあるのではないでしょうか？

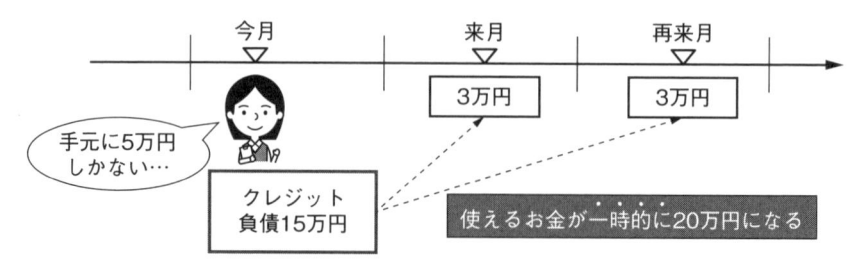

　クレジットカードを使えば，**一時的に手持ちの資金を15万円増やした**ことと同じ効果があります。そのため，その時点において，投下できる（欲しいものを買える）お金が月々のお給料に対する収入以上に増えることになります。

これにより，**通常の入出金サイクル以上の買い物**ができるのです。

会社の営業活動においても，このように利益を積み重ねていたのでは得られない**投資規模**の問題が生じます。株の投資のように元手にあるお金が多ければ，その分リターンも多いからです。負債を利用することで，投下する資金を増やし，企業の活動規模を大きくし，より大きな利益を生むことができるのです。

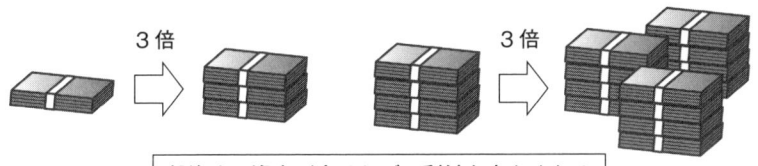

投資する資金が多ければ、利益も大きくなる

しかし，大きくなることばかりを夢見て，将来の収入以上に借金が膨らんでしまっては，返済資金に圧迫され，通常の営業活動に投下できる資金がなくなってしまいます。

そのため，貸借対照表は**負債と資本のバランス**が重要になってくるのです。

②**貸借対照表を見る指標**

こうしたことがないように，貸借対照表において会社の財務内容の安全性を見る2つの基準を押さえておきましょう。

① 自己資本比率…会社の資産のうちの自己資本（純資産）の割合

$$\frac{純資産}{資産}$$

比率が低いほど，借入の依存度が高いことを意味します。負債は将来の資金の流出を意味するので，この比率が低いことは新たな借入をする際に問題となります。

② 流動比率…流動負債に対する流動資産の割合

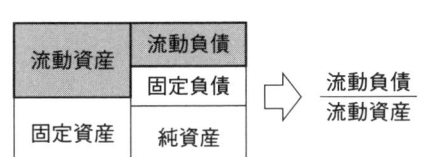

$$\frac{流動負債}{流動資産}$$

「すぐに換金できる資産をどの程度持っているか？」という割合です。この割合が高ければ，手元にある資金が多く，資金繰りがうまくいっているということです。

215

第4章 決算ってなんだろう？

> 第4章では，決算を学習しました。これで，経理の1年が終わります。
> 簿記一巡の手続きのように，帳簿を締めたら，また新しい1年が始まります。
> これからは2年生。自分で判断して処理ができるようにならないといけませんね。

> 日々の業務の延長に決算があるから，決算がすぐ終わるかどうかは，日常的な業務がきちんとできているかにかかっているよ。2年目もがんばっていこうね。

索　引

あ行

相手勘定 …………………………… 77
預り金 ……………………………… 145
粗利 ………………………………… 95
意思決定 …………………………… 19
一覧払 ……………………………… 98
一般債権 …………………………… 193
移動平均法 ………………………… 179
インプレスト・システム ………… 124
受取手形 …………………………… 117
受取手形記入帳 …………………… 119
裏書譲渡 …………………………… 120
売上 ………………………………… 92
売上原価 ………………………… 88,92
売上債権 …………………………… 133
売掛金元帳 …………………… 24,110
営業損益 …………………………… 208
M＆A ……………………………… 161

か行

買掛金元帳 …………………… 24,110
開業費 ……………………………… 162
会計期間 ………………………… 40,48
会計ソフト ……………………… 11,13
介護保険 …………………………… 142
会社更生法 ………………………… 191
家計簿 ……………………………… 45
掛売り ……………………………… 3
掛取引 ………………………… 108,109
貸倒れ ………………………… 111,190

貸倒懸念債権 ……………………… 193
貸倒損失 …………………………… 190
貸倒引当金 …………………… 190,193
貸付金 ……………………………… 136
株式会社 …………………………… 43
借入金 ……………………………… 135
仮受金 ……………………………… 150
仮受消費税 ………………………… 31
仮払金 ……………………………… 150
仮払消費税 ………………………… 31
仮払法人税等 ……………………… 203
為替手形 ……………………… 116,117
勘定科目 …………………………… 18
勘定式 ……………………………… 207
勘定の締切り ……………………… 62
漢数字 ……………………………… 99
管理会計 …………………………… 26
管理業務 …………………………… 42
期間損益計算 ……………………… 173
企業買収 …………………………… 161
期中取引 …………………………… 19
記帳のルール ……………………… 2
期末商品棚卸高 …………………… 178
給付請求権 ………………………… 137
給与計算ソフト …………………… 17
給与天引き ………………………… 140
給与の計上（支給） ……………… 146
給与明細 …………………………… 138
共通言語 …………………………… 2
金額 ………………………………… 4
銀行取引停止処分 ………………… 119

217

索 引

銀行渡り	99
金銭債権	133
金銭債務	133
クーポン	101
クラウド型ソフトウェア	17
繰越商品	89
繰延べ	199
繰延資産	161
黒字倒産	110
経営成績	173, 206
経過勘定	134, 195, 198
経常損益	208
経費率	29
決裁	7
決済手段	97
決算	166
決算書	18, 44, 205
決算処理	40
決算整理	173
決算整理前残高試算表	167
月次処理	39
月次スケジュール	38
原価計算	27
減価償却費	157, 182
原価ボックス	90
現金及び預金	21
現金過不足	127, 129, 130
現金出納帳	127
権限	7
健康保険	142
源泉所得税	139, 141, 146
源泉徴収税額表	141
権利金	163

工具器具備品	186
合計残高試算表	171
合計試算表	171
厚生年金	142
ゴーイング・コンサーン	48
小切手	97, 98
小口現金	122
小口現金出納帳	125
固定資産除却損	170
固定資産台帳	42, 170
雇用保険料	142

さ行

在庫管理システム	179
財産	51
最終仕入原価法	181
財政状態	47, 173, 208
財務諸表	18, 44
先入先出法	179
雑収入	131
雑損失	131
残高確認書	168
残高試算表	171
残高証明書	168
三分法	88
仕入	92
事業年度	40, 48
資金繰り	111
自己資本	56
自己資本比率	215
資産	52
試算表	11
実査	127

218

実地棚卸	178
児童手当拠出金	147
支払呈示期間	120
支払手形	117
四半期決算	39
資本投下	174
締め後取引	169
社員立替	55,122
収益	52,60
収入印紙	115
住民税	139,141,146
取得価額	158
純資産	52
商慣行	137
償却率表	184
消費税	30,200
商品	21
商品有高帳	179
商品売買	88
仕訳	4
仕訳帳	68
信用情報	137
信用取引	109
請求書	108
税込経理	30
精算表	205
税抜経理	30
税法上の繰延資産	163
税法の基準	158
総勘定元帳	74
総記法	89
総資産	57
創立日	162

租税公課	31
損益	51
損益勘定	62
損益計算書	18,206
損益分岐点	26

た行

貸借一致	54
貸借対照表	18
立替金	55
建物を賃借するために支出する権利金等	163
棚卸減耗費	170,180
棚卸資産	90
棚卸明細表	178
他人資本	57
単式簿記	45
チェックライター	99
中間決算	39
通貨代用証券	100
通勤手当	139
T勘定	75
定額小為替	101
定額資金前渡制度	124
定額法	182
定率法	182
手書き帳簿	41
手形交換所	98
手形売却損	121
摘要欄	83
伝票	8
投下	209
当期純利益	62,200

索 引

当座貸越契約 …………………………… 104
当座勘定照合表 ………………………… 103
当座勘定取引契約 ……………………… 103,118
当座預金出納帳 ………………………… 100
倒産 ……………………………………… 191
特別償却 ………………………………… 189
特別損益 ………………………………… 208
取引 ……………………………………… 6

な行

名宛人 …………………………………… 116
内部管理 ………………………………… 41
日常処理 ………………………………… 40
入金消込 ………………………………… 83
入金処理 ………………………………… 80
任意償却 ………………………………… 189
年間スケジュール ……………………… 38
年末調整 ………………………………… 141,143
納期の特例 ……………………………… 149

は行

廃棄証明書 ……………………………… 169
配当金領収書 …………………………… 101
派遣料 …………………………………… 140
破産更生債権等 ………………………… 193
発生と消去 ……………………………… 80
払出単価 ………………………………… 179
販管費 …………………………………… 29
販売管理ソフト ………………………… 17
販売費及び一般管理費 ………………… 29
B/S ……………………………………… 18,208
P/L ……………………………………… 18,206
東インド会社 …………………………… 43

非課税取引 ……………………………… 33
備忘価額 ………………………………… 184
費用 ……………………………………… 52,60
表示科目 ………………………………… 21,91
費用配分 ………………………………… 156
不課税取引 ……………………………… 33
複式簿記 ………………………………… 45
負債 ……………………………………… 52
付随費用 ………………………………… 96,159
振替仕訳 ………………………………… 152
振替伝票 ………………………………… 68
不良債権 ………………………………… 192
不渡り …………………………………… 119
分記法 …………………………………… 89
返済予定表 ……………………………… 135
報告式 …………………………………… 207
法人税等 ………………………………… 200,202
法定償却方法 …………………………… 185
法定耐用年数 …………………………… 184
法定福利費 ……………………………… 147
簿記一巡 ………………………………… 166
簿記一巡の手続き ……………………… 40
補助科目 ………………………………… 23,24
補助簿 …………………………………… 24
本決算 …………………………………… 39

ま行

前受金 …………………………………… 136
前受収益 ………………………………… 198
前払金 …………………………………… 199
前払費用 ………………………………… 195
前渡金 …………………………………… 136
見越し …………………………………… 199

未収金 …………………………… 134	有形固定資産 …………………… 155
未収収益 …………………………… 198	郵便為替 ………………………… 101
未取付小切手 …………………… 107	与信審査 ………………………… 118

未払金 ……………………… 134,199	**ら行**
未払消費税 ………………………… 31	利益 ………………………… 49,59
未払法人税等 …………………… 203	利害関係者 ……………………… 18,43
民事再生 ………………………… 191	利札 ……………………………… 101
無形固定資産 …………………… 160	流動比率 ………………………… 215
免税取引 ………………………… 33	連番 ……………………………… 99
網羅性 …………………………… 69	

や行	**わ行**
約束手形 …………………… 116,117	割引 ……………………………… 120

221

■■■著者略歴■■■

小島　孝子（こじま　たかこ）
神奈川県出身。税理士。
早稲田大学在学中から地元会計事務所に勤務。その後，都内税理士法人，大手税理士受験対策校講師，大手企業経理部に勤務したのち，2010年に小島孝子税理士事務所を設立。幅広い実務経験と，講師経験から実務家向けセミナー講師も多数担当。「実務」と「教えるプロ」の両面に基づいたわかりやすい解説に定評がある。実務においては，街歩き，旅行好きの趣味を生かし，日本全国さまざまな地域にクライアントを持つ，自称，旅する税理士。
【著作】
『3年後に必ず差が出る20代から知っておきたい経理の教科書』（翔泳社），
『税理士試験計算プラクティス 消費税法：出題パターン別解法の極意』（中央経済社）

著者との契約により検印省略

平成28年4月20日	初版第1刷発行
平成29年2月20日	初版第2刷発行
平成30年7月20日	初版第3刷発行

簿記試験合格者のための
はじめての経理実務

著　　者	小　島　孝　子
発 行 者	大　坪　嘉　春
製 版 所	美研プリンティング株式会社
印 刷 所	税経印刷株式会社
製 本 所	牧製本印刷株式会社

発 行 所　〒161-0033　東京都新宿区下落合2丁目5番13号
株式会社　税務経理協会
振替　00190-2-187408
FAX (03) 3565-3391
電話 (03) 3953-3301（編集部）
　　 (03) 3953-3325（営業部）
URL　http://www.zeikei.co.jp/
乱丁・落丁の場合は，お取替えいたします。

© 小島 孝子 2016　　　　　　　　　　　　Printed in Japan

本書の無断複写は著作権法上での例外を除き禁じられています。複写される場合は，そのつど事前に，(社)出版者著作権管理機構（電話 03-3513-6969，FAX03-3513-6979，e-mail：info@jcopy.or.jp）の許諾を得てください。

JCOPY <(社)出版者著作権管理機構 委託出版物>

ISBN978－4－419－06340－5　C3034